지금도 영적 전쟁 가운데
믿음의 방패를 높이든 모든 이들에게
이 책을 바칩니다.

_____님께 드립니다.

<석제 113 호>

학 위 기

성 명 : 정 병 태
3월 25일생

위 사람은 본 대학교 부흥신학대학원 석사학위과정 (부흥신학전공)을 이수하고 소정의 시험에 합격하여 신학 석사의 자격을 인정함.

2007년 2월 22일

한영신학대학교 대학원장 신학박사 강갑찬

위의 인정에 의하여 신학 석사 학위를 수여함.

2007년 2월 22일

한영신학대학교 총 장 신학박사 한영훈

학위등록번호 : 한영원2006(석) 011

그리스도인의 영적 전쟁 필승 전략서

이기는 대적기도 200

정병태 지음

"사탄아, 물러가라!"

이 말이 바로 적을 이기는 말이다.
이 말이 사탄이 가장 싫어하는 말이다.
이 말이 귀신을 추방하는 말이다.

이기는 대적기도 200

1쇄발행 | 2011. 9. 30.
2쇄발행 | 2013. 1. 25.

지은이 | 정병태
펴낸이 | 박제언
펴낸곳 | 한덤북스
신고번호 | 제 2009-6호

주소 | 서울시 금천구 남부순환로 120길 22, B01호
　　　 Tel. 011-347-3390
메일 | jbt6921@hanmail.net

판권소유 | 한덤북스

이 책은 저작권법에 의해 보호를 받는 저작물이므로 무단전재 및 복제를 금합니다.
잘못 만들어진 책은 구입하신 서점에서 바꾸어 드립니다.

ISBN 978-89-965465-2-8　　03230

값 12,000원

 # "사탄아, 물러가라!"

이기는 대적기도 사역 지침서를 읽고 이해하여 당신의 삶에 적용한다면, 다음의 강력한 능력들이 나타나리라 믿습니다.

하나. 날마다 힘이 나고 의욕이 생긴다.
둘. 신체에는 엔돌핀이, 두뇌엔 모르핀이, 삶엔 행복 호르몬 분비된다.
셋. 성령 충만한 삶이 된다.
넷. 나의 IQ, EQ, PQ가 계발된다.
다섯. 무엇이든 하는 일마다 잘 된다.
여섯. 부자의 하나님을 만난다.
일곱. 팔자가 풀리고 운명이 바뀐다.
여덟. 문제가 해결되고 치유의 권세가 임한다.
아홉. 영적 부흥과 회복 그리고 기적을 체험하게 된다.
열. 하늘의 영적 은사인 방언, 예언, 통변, 신유, 축사, 투시의 능력이 충만케 된다.
    아멘.

추천의 글

하나님의 크신 사랑과 은혜 가운데 모두에게 꼭 필요한 『이기는 대적기도』의 출간을 진심으로 축하합니다. 『이기는 대적기도』는 불가능을 가능케 하고 질병을 치유하고 사악한 귀신을 쫓아내며, 하늘에 속한 신령한 복을 받을 수 있는 영적 능력의 기도에 대한 책입니다.

저자인 정병태 부흥사는 무엇보다도 부흥사 신학을 함께 공부했고 몹시 아끼는 교수인데 그가 책을 출간하게 되었다니 기쁜 마음을 금할 길이 없습니다. 이 책을 손에 잡는 순간 치유와 변화, 권세와 능력이 나타날 것입니다.

하나님이 살아 역사하고 계심을 이 책을 통하여 확인해 보시길 바라며, 영적으로 눌려있는 분들에게 신앙의 자유를, 그리고 굳건한 믿음을 줄 것을 확신합니다.

옥동중앙교회 담임목사 **김용운** 교육학 박사
국제기드온부흥협의회 대표회장
서울커뮤니케이션교육대학원 리더십과 지도교수

　사랑하는 정병태 교수님을 통해 『이기는 대적기도』를 출판하게 됨을 진심으로 축하드립니다.
　이 책은 우리가 이 영적인 전투에 어떻게 대처하고 승리할 수 있는지 실제적인 내용을 다루고 있습니다. 바로 영적전쟁의 승리는 예수 그리스도의 이름의 능력을 힘입어 마귀를 대적하는 것입니다.
　특히 영적 전쟁과 치유와 회복의 다양한 구체적인 사례에 대한 대적 기도문을 제시해줌으로 초보자도 쉽게 이 영적전쟁에 임하고 승리할 수 있도록 친절하게 안내해 주고 있습니다.
　아무쪼록 이 책을 많이 활용하시고 참고하셔서 목회현장에서 일어나는 다양한 문제들을 해결하여 풍성한 목회 결실을 맺는 은혜가 있기를 기원하며 기쁜 마음으로 추천합니다.

울산 열린교회 담임목사 **신중삼** 박사
핸더슨크리스천대학교 목회대학원 교수
합동총회신학교 신학교수

시작하는 글

『이기는 대적기도』는 목회자와 평신도 모두를 위한 영적전쟁의 대적기도 훈련서입니다.

영적전쟁에서 승리의 비결과 대적기도가 더 많이 연구되어 실제적으로 많은 사람들에게 소망과 능력이 되기를 간절히 바랍니다.

앞으로도 영적전쟁 연구를 지속적으로 할 것입니다.

그 이유는 이 영적 기도들을 목회 현장에, 그리고 삶에 적용해 보았더니 그 결과가 매우 현저히 변화되었음을 발견했기 때문입니다.

또한 오늘도 영적전쟁 최전방에서 전투에 임하고 있는 분들에게 그 영적싸움에서 전투적 기도로 승리하는 비결을 나누고자 함입니다.

더 나아가 이 영적기도 사역을 통하여 사탄 귀신들에게 붙잡혀 있는 사람들, 무거운 영적 짐을 지고 있는 사람들에게 자유와 풍성한 삶을 제공해 주기 위함입니다.

끝으로 이러한 영적사역을 신학교에서 배운 적도 없으며, 특별히 누가 가르쳐 주지 않았습니다. 영적전쟁 사역과 대적기도 승리의 비결을 좀 더 드러내어 영적전투에 대처할 수 있도록 하는 데 그 목적을 두었습니다.

이 책이 다시 한 번 세상에 나오도록 도와주신 김용운 목사님, 신중삼 목사님께 감사를 드립니다.

여러분을 위해 중보로 기도하며 응원해 드립니다.

저자 **정병태**

서문
Go! Satan!

사탄은 꾀임의 명수입니다.

사탄의 주된 목적은 인간의 마음속에 계신 성령 하나님을 끌어내리고 자신이 그 지체를 차지하는 것입니다. 또한 인간과 사회를 가능한 한 비참하게 하는 것입니다. 사탄은 시도 때도 없이 수단과 방법을 가리지 않고 신자들을 괴롭힙니다. 그러므로 사탄과 타협이 있어서는 절대 안 됩니다. 내가 사탄을 쫓아내지 않으면 쫓기게 됩니다.

마태복음 4장 10절 "사탄아, 물러가라! (Go, Satan!)" [1)]

하나님의 말씀은 권세와 능력뿐 아니라 창조적인 힘이 있습니다. 그런데 그 능력이 당신에게 임하고 역사하고 작동하기 위해서는 반드시 적을 이길 만한 믿음이 있어야 하고 능력의 말씀이 선포되어야 합니다.

그러나 많은 사람들은 사탄에게 패배하는 말들, 이를테면 부정적인

---

1) 마 4:10 이에 예수께서 말씀하시되 사탄아 물러가라 기록되었으되 주 너의 하나님께 경배하고 다만 그를 섬기라 하였느니라
  "Then Jesus said to him, "Go, Satan! For it is written, 'YOU SHALL WORSHIP THE LORD YOUR GOD, AND SERVE HIM ONLY.'" (NASB)

말, 두려움의 말, 실패의 말, 경제 침체의 말, 실직이나 안 된다는 패배의 말, 저주의 말 등 악한 영이 좋아하는 말을 합니다. 무엇보다도 사탄이 타고 들어오는 말을 합니다. 그렇게 되면 자기가 말한 그대로를 가지게 됩니다. 그래서 묶이고 꼬이고 맙니다.

이를테면, "뭐! 내 인생 될 대로 되라!", "하나님은 없어, 그냥 대충 살지!", "난 실패자야!", "내 팔자가 그렇지 뭐!", "지금 이 세상에 무슨 사탄이 있어!", "내 주먹을 믿지!"

이제부터는 당신의 생각과 태도를 바꾸어서 하나님께서 준비해 놓으신 능력(두나미스)의 말들을 삶에 가져오도록 합시다. 내 입이 강력한 영적 폭탄이 되면 적을 멸할 수 있습니다.

하나님의 창조적이고 능력 있으며 권능 있는 말을 매일 입으로 말하고 선포하고 고백하면, 당신의 삶의 환경들을 변화시키는 역사를 보게 될 것입니다. 할렐루야!

예수님의 이름이 흔하게 사용된다고 해서 그 이름의 능력을 망각해서는 안 됩니다. '예수'라는 이름은 모든 이름 위에 뛰어난 이름입니다. 그 이름을 들을 때에는 마귀는 두려워 떨고 천사들은 날기 시작하며 병자들은 그 이름의 능력에 의해서 나음을 받습니다. 사악한 것들은 예수의 이름에 절대로 맞서지 못합니다. 예수의 이름 앞에서 사탄은 굴복할 수밖에 없습니다.

"나사렛 예수 그리스도의 이름으로 명하노니, 사탄아! 떠나가라!"

이 명령에는 커다란 의미가 있습니다. "사탄아!, 떠나가라!"고 하는 사탄을 쫓는 이 영적 명령은 예수님이 최초로 사용한 명령입니다.

(마 4:10)

기운이 넘쳐나서 큰 소리를 지르는 것이 아닙니다. 능력의 소리를 크게 지름으로써 영적 능력의 기운이 나도록 하는 것입니다.

온몸은 녹초가 되었을지라도 소리를 크게 내지름으로써 기운차게 계속 질주할 수 있습니다. 목소리에 나의 영적 기운이 있기 때문입니다.

"예수님의 이름으로 명하노니, 사탄아! 떠나가라!"

"사탄아, 물러가라!"

이런 함성소리는 그런 의미에서 결코 헛된 것이 아닙니다. 적을 이기는 최고의 대적 방패기도입니다. 이것이 사탄과 그의 졸개 귀신을 쉽게 때려잡는 비밀, 영적 공격의 법칙인 것입니다.

이제 그 대적의 열쇠를 여러분께 드리고자 합니다.

매주일 예배의 시작과 끝에는 반드시 영적 대적의 부르짖는 기도와 치유기도를 합시다. 먼저 회개 기도와 예수의 이름으로 승리의 선언을 드립시다. 그 다음에 성령님을 초청하는 기도를 드립시다. 그리고 설교를 마치고는 육적 · 내적 치유의 기도를 드립시다.

사탄을 묶고 결박하여 꾸짖고 쫓아내라

지금 이곳에 모기들이 있다고 가정합시다. 그런데 만약 에프킬라가 있다면, 바로 자리에서 일어나 눈을 크게 뜨고 모기를 향해 '치익~' 뿌릴 것이고 그 즉시로 모기는 떨어져 죽을 것입니다. 이것이 가장 쉽고 편하고 간단하게 모기를 죽이는 방법이지요.

마찬가지로 더럽고 사악한 영을 묶고 결박하여 꾸짖고 쫓는 대적기도는 생각 외로 매우 쉽습니다. 특별한 비법이 있는 것도 아니고 어떤 특수 장비가 필요한 것이 아니라 단지 악한 영의 이름을 불러내어 대적하고 그를 묶고 결박하여 꾸짖고 쫓아내는 것입니다.

이것이 악한 영들을 무기력하게 만드는 능력입니다.

더럽고 사악한 영을 찾아내어 결박하여 꾸짖고 쫓는 대적기도란 바로 예수님의 이름으로 "사탄아! 나가라! 떠나라! 물러가라!"라고 강력하게 꾸짖고 외치는 것입니다. 선포하는 것입니다. 이것이 대적기도의 기본 원리입니다.

<**"도둑이야!"**> 아마도 초등학교 6학년 시절의 추억일 것입니다.

어느 날 밤, 나는 동네 친구들과 함께 포도밭에 포도 서리를 하러 갔습니다. 물론 서리는 잘못된 행위였지만 그것을 보고 자란 동네 아이들은 재미로 포도밭에서 몰래 서리를 하러 들어갔었는데, 갑자기 어디선가

"도둑이야!" 하는 소리가 들리자 모두 놀라서 포도밭 주인이 찾지 못하는 곳으로 각자 재빠르게 도망쳐 버렸습니다.

도둑이란 이처럼 정체가 발각되면 깜짝 놀라고 도망가는 바로 그런 존재입니다.

왜 도둑은 자기들의 이름을 부를 때 깜짝 놀랄까요?

그것은 그들이 도둑이기 때문입니다.

우리는 도둑이 집에 들어왔을 때 뭐라고 외칩니까?

단지 "도둑이야!"라고 한마디만 힘 있게 외친다면, 사실 이 한마디로 상황은 끝난 것입니다. 도둑은 곧바로 후다닥 도망을 칩니다.

"도둑이야!" 이 한마디엔 모든 목적이 다 들어 있는 것이기 때문입니다. "도둑이야!"하고 외쳤을 때, "혹시 저 부르셨나요? 무슨 할 말이 있으신가요?"라고 응답하는 도둑은 없습니다.

왜냐하면 "도둑이야!" 했을 때, 거기에는 "도둑놈이 침입했으니 잡아라!", "나쁜 놈이 들어왔다!", "공격하라!", "도와주세요. 신고해주세요." 그런 의미가 다 포함되어 있기 때문입니다. 그러므로 더럽고 악한 영을 대적하는 경우에도 "사탄아!", "귀신아!", "마귀야!", "더러운 영아!" 하고 크게 외치면 거기서 정체를 드러내고 말 것입니다.

이는 예수의 이름으로 대적하고 꾸짖고 쫓아내고 공격하는 의미가 다 포함되어 있는 것입니다. 그러므로 아래의 이름, 대적의 이름만 외쳐도 강력한 능력이 나타납니다.

"사탄아!", "귀신아!", "마귀야!", "악령아!"
"더럽고 사악한 영들아!", "질병의 영아!"
"내가 너를 예수님의 이름으로 명하노니, 떠나갈지어다."
"지금 너를 묶고 결박하고 파쇄하노라!"

도둑이 도망가듯이 사탄 마귀는 묶고 있던 모든 것을 놓고 도망갈 것입니다. 예수님의 이름으로 사역하여 실패한 적이 없기 때문입니다.

개를 쫓듯이 강하게 쫓아내라!

예수님을 믿는 우리들은 하나님의 자녀가 된 것입니다. 우리의 지위가 예수를 믿고 아주 높은 곳에 있음을 알아야 합니다. 누가복음 10장 19절의 **"내가 너희에게 뱀과 전갈을 밟으며 원수의 모든 능력을 제어할 권능을 주었으니 너희를 해칠 자가 결코 없으리라"**라는 말씀을 확고하게 믿어야 합니다.

그렇다면, 하나님의 아들은 어디에 있지요? 언제나 아들은 아버지가 있는 집에 있는 것입니다. 그러므로 높은 곳에 있는 하나님의 능력과 권능의 자녀인 우리가 가지고 있는 것입니다.

그런데 사탄 마귀는 어디에 있나요?

사탄 마귀는 공중에 있습니다. 그는 공중의 권세를 잡은 자입니다.

서문 ; Go! Satan!

그러면 마귀는 공중에 있고 우리는 어디에 있나요?

당연히 우리는 더 높은 하늘에 있습니다. 그럼 누가 더 높을까요? 당연 하늘이 더 높습니다. 따라서 사탄 마귀는 우리의 발로 밟아 버려야 하는 것입니다. 강하게 차 버려야 하는 것입니다. 그러므로 권세의 입으로 **"저주 받은 귀신아! 나사렛 예수 그리스도 이름으로 명하노니, 물러갈지어다!, 떨어져 나갈지어다!"** 라고 강하고 담대하게 명령하고 선포할 수 있는 것입니다.

우리는 하늘에 위치를 갖고 있다는 것을 깨달아야 합니다. 우리의 신분을 모르기 때문에 악한 영들 앞에서 벌벌 떨고 있는 것입니다.

사탄과 그의 졸개들은 집에서 기르는 개와 같습니다.

그러므로 예수의 이름으로 대적할 때 마귀는 피하고 도망을 갑니다.

개가 방안에 들어오면 그냥 개를 달래서 쫓아내려고 하면 개가 절대 나가지 않습니다. "개님!, 나가주세요~." 그러면 더 들어오거나 다가옵니다.

그러므로 사탄 마귀는 개 쫓듯이 강하게 명령해야 합니다.

빗자루를 들고서 "나가! 안 나갈래! 이놈의 개 죽을래! 나가!" 하면서 빗자루를 집어 던져야 합니다. 그러한 단호한 명령을 해야 나가는 것입니다. 그때 개는 꾸짖는 큰 소리에 놀라서 도망쳐 버립니다.

그런데 많은 믿음의 성도들이 귀신을 쫓아낼 줄 모르는 것이 현실입니다. 이와 같은 영적 대적기도 명령을 사용할 줄 모릅니다.

그러므로 본 "사탄아, 물러가라!" (마 4:10) 영적 명령의 법칙은, 하나님이 자녀에게 주신 가장 위대한 능력 그리고 귀하고 값진 선물입니다. 사탄 마귀를 제어할 최고의 영적 무기입니다.

이 영적 능력의 법칙은 복음의 확장과 더불어 사탄과 그의 졸개들의 활개를 저지하고 악한 영들의 궤계를 파쇄하라고 주신 영적 무기인 것입니다.

여기에 하늘의 권능이 임하고 하늘의 문을 여는 열쇠의 비밀 번호는 다음과 같습니다. 믿음으로 강하고 담대하게 부르짖어 예수님의 이름으로 대적하시기 바랍니다.

**"나사렛 예수 그리스도의 이름으로 명하노니,
이 악한 귀신아! 떠나가라! 물러가라!"**

실전, 사탄을 이기는 대적기도의 원리와 방법

아마도 이 책을 사탄 마귀가 가장 싫어할 것입니다.

그 이유는, 사탄의 정체를 드러내는 책이기 때문입니다. 어쩌면, 국내에서 처음으로 영적 사탄을 쫓는 실용서적으로서 자세한 대적기도와 치유기도 원리와 방법 등 실질적인 지침서를 출간하게 됨을 크나 큰 영광으로 생각합니다.

기도하는 가운데, 그리고 영에 눌려있는 사람들을 사역하면서 특별히 주신 영적 대적기도, 치유기도를 통해, 하늘의 권능이 임하는 비결과 하늘의 문을 여는 열쇠를 나누어 주어서 이 땅의 복음이 더욱 확산되어지게 하고, 질병으로 고통당하는 자들을 해방케 하고, 삶을 방해하고 훼방하는 원수의 진과 왕국을 궤멸하고, 사탄과 마귀를 제압할 수 있는 비결을 나누고자 함입니다.

이 지침서를 읽는 모두에게 영적 삶에 풍성한 열매를 맺게 해 줄 것입니다. 또 신령한 축복을 경험하게 되고, 능력의 삶을 가꾸는데 강력한 도구로 활용되어 해방과 자유의 삶을 누리게 될 것입니다.

눌림에서 벗어나 참 자유함을 누리고 질병을 정복하게 될 것입니다.

성령님이 우리와 함께 하시면, 우리에게는 질병과 귀신을 쫓아낼 권세와 능력을 주십니다. 그러기 위해서는 절대적으로 믿음이 필요합니다. 여기 그 가르침대로 예수님이 하셨던 것처럼 담대히 귀신을 묶고, 결박하여 꾸짖고 쫓아내고 대적하여 명령하십시오.

다만 내 입술로 큰 소리로 선포해야 능력이 나타납니다.

지금도 사탄 마귀를 추방하는 사람들은 그렇게 기도합니다.

사탄 마귀는 개를 쫓듯이 쫓아내야 합니다. 큰 소리로 사탄의 정체를 드러내야 합니다.

그러면 놀란 영적 도둑은 묶음을 놓고 도망가 버립니다.

001 [실제적인 귀신 쫓기]

더러운 귀신아, 나사렛 예수 그리스도의 이름으로 명하노니,
물러가라!, 나가라!, 떠나라!
만약 이 질병이, 문제가 사탄으로부터 온 것이라면,
지금 당장 물러갈지어다!, 예수의 이름으로 명하노라!

이렇게 쫓아내야 하는 것입니다.
이것이 대적기도의 가장 기본적인 원리이며 방법입니다. 그러니 여러분의 삶에 적극적으로 예수님의 이름을 적용하여 승리하시기 바랍니다.

<실전, 파워 대적기도로 시작하기> 매주일 예배마다 다함께 드리는 예배마다, "주여, 주여, 주여~!" 삼창하시고 부르짖어 기도하면 놀라운 능력이 임할 것입니다.

또한 믿음으로 문제와 질병을 놓고 큰 소리로 외치세요. 놀라운 기적이 일어날 줄 믿습니다. 이렇게 선포하시기 바랍니다.

"주님의 능력으로, 보혈로 말미암아 이미 깨끗이 치유되었음을 믿습니다."

문제가 있는 분은 손을 가슴에 얹어 주시고,
몸이 아프신 분은 아픈 데에 손을 얹어 주시기 바랍니다.
주님을 영접함에 감사하며 하나님께 영광 돌리기 원하시는 분은 손을

머리에 얹어 주시기 바랍니다.

　이제, 영으로 기도하겠습니다. 함께 따라서 기도하시면 놀라운 기적과 역사가 일어납니다. 믿음으로 크게 외쳐 기도하세요. 기적을 체험하는 주인공이 될 것입니다.

002 하나님 아버지 감사합니다.
우리를 이 땅에 태어나게 하시고,
하나님이 창조하신 우주만물을 누리게 하신 하나님,
머리에 손을 얹은 자마다
그 축복을 누리는 자 되게 하여 주옵소서.

다스리는 자 되게 하옵소서.
손을 얹은 자마다 복에 복을 받게 하옵소서.
하늘의 신령한 복이 임하게 하시옵소서.
손을 얹은 자마다 주님의 손으로 안수하시고
변화시켜 주시옵소서.

물질에 의해서 고난당하고 고통 받는 자 되게 하지 마옵시고,
오늘 설교를 통해서 은혜를 받았사오니
그 은총으로 말미암아 모든 저주와 가난에서,

결박에서 자유함을 얻게 하옵소서.
가난에서 일어서게 하옵소서.
빚에서 자유함을 얻게 하옵소서.
모든 부채를 탕감케 하여주옵소서.
참으로 깨끗한 부자들이 되게 하여주옵소서.

먼저 나의 태도를 바꾸게 하시고, 생활습관이 달라지게 하옵소서.
정직, 성실, 근면, 검소한 삶을 살게하여 주시 옵시고,
저축하게 하시고, 십일조를 하게 하옵소서.
하나님에게 절대 의존하게 하시며,
최선을 다하여 넉넉한 부자들이 되게 하옵소서.
부자가 되는데 필요한 것들을 채워주옵소서.
우리 가정과 자녀들에게 필요한 물질을 채워주시옵소서.

주님, 불쌍하고 가난하고 어려운 사람들을
도와줄 수 있는 사람들이 되게 하옵소서.
그들의 질병을 치료하여 주시고, 건강케 하여주옵소서.

예수 그리스도의 이름으로 명하노니,
모든 물질의 저주에서 묶음을 놓고 자유함을 얻을지어다!

가시와 엉컹귀는 물러갈지어다
저주는 물러갈지어다.

지금 가슴에 손을 얹은 자마다
모든 문제가 떠나가게 하여 주시고
주님의 보혈로 강력하게 덮어 주시옵소서.
기적이 일어나게 하여주옵소서.
사탄이 우리의 밥이 되게 하여 주옵소서.

믿음으로 몸이 아픈 곳에 손을 얹어사오니,
예수님의 피로, 예수님의 피로, 깨끗이 씻어 주시옵소서.
치료하여 주시옵소서.
깨끗이 속독하여 주옵시고,
주님의 말씀의 칼로 수술하여 주시고,
성령의 불로 다 소멸하여 주셔서, 건강하게 하여주시옵소서.
원래 창조하신 대로 회복시켜 주시옵소서.

나사렛 예수 그리스도의 이름으로 명하노니,
몸을 아프게 하고 병들게 하며, 피곤하게 하며, 괴롭게 하며,
무기력하게 하는 모든 악한 영들아!,

지금 결박하고 꾸짖으니 묶음을 놓고 떠나갈지어다!

떠나갈지어다! 떨어져라!

깨끗하게 치료될지어다!

건강할지어다!

주여~ 이 시간 주님을 온전히 의지하여 기도하옵니다.

각 사람마다 장수의 복을 주시옵소서.

사고사건 그리고 질병에서 예수의 피로 보호하여 주시옵소서.

오!, 주님이시여,

인간관계에서 갈등도 꼬인 것도 다 해결하여 주시옵시고,

하는 일마다 잘 되는 축복을 주시옵소서.

예수님의 이름으로 축복하며 기도하옵나이다.

아멘![2]

---

2) 이 기도문을 날마다 아침, 점심, 저녁 3번씩 예수의 피를 힘입어 기도하시면, 하늘의 권능이 임하여 질병과 문제와 고통이 사라지는 역사가 일어납니다.

CONTENTS
이기는 대적기도

추천의 글 · 6

시작하는 글 · 8

서문 Go! Satan! · 10
    001 실제적인 귀신 쫓기 | 002 문제 해결 기도

1장 : 이기는 대적기도

사탄을 묶고 결박하여 꾸짖고 쫓아내라!

사탄(귀신, 악령) 추방사역 대적기도하기 · 36
    003 악한 꿈을 이기는 기도

고대의 마귀숭배 의식과 귀신 추방법 알아보기 · 39
    004 유아세례 축사 기도 | 005 개인적인 축귀사역
    006 에드워드 4세의 축귀사역 기도 | 007 동방 시리아에서 행해진 축귀기도

공격적인 영적 침략전쟁 – 선제공격을 하라 · 49
    열려라, 참깨! 닫혀라, 참깨! · 50
    008 결박을 파괴하는 기도

복음은 능력이다 · 56
    009 나사렛 예수의 이름으로 명하노니 | 010 창조적인 명령 기도

2장 : 실전, 사탄(악령, 귀신) 추방기도의 준비와 방법
영적전쟁을 위한 철저한 준비와 훈련으로 무장하라!

실전 능력의 대적기도, 사탄과 귀신의 활동을 금지하고 묶고 끊는 기도 · 68
　　011 선포대적기도 | 012 귀신 추방의 영적 명령

악한 영을 추방하는 가장 간편한 축사의 기본 · 70

먼저, 영적 대적사역자가 취해야 할 태도 · 72
　　013 보혈을 뿌리는 기도

부서뜨리고 무너뜨리고 뚫고 나아가는 돌파력 · 75
　　014 죄를 묶고 푸는 기도

대적기도, 사탄 귀신 추방 사역의 준비 단계 · 81
　　015 악한 영들의 활동을 금지하고 묶는 기도 | 016 내담자 축복기도

사역자 보호를 위한 능력 기도 · 87
　　017 사역자 보호를 위한 능력 기도

실전 능력의 대적기도 수칙과 순서,
사탄과 악한 영 쫓아내는 대적기도 적용하기 · 88
　　018 암 병을 치유하는 기도 | 019 질병을 치유하는 기도
　　020 질병을 치유하는 기도 예문 | 021 마음의 병을 치유하는 기도

강력한 사탄 귀신 추방사역 필수공식 7가지 · 93
　　022 귀신 추방 기도 필수 문구 | 023 영적 추방 사역 어휘 사용하기
　　024 사탄의 활동영역 묶기 | 025 악한 영의 이름을 부른다 | 026 육신의 질병 사역하기
　　027 말씀을 적용하여 사역하기 | 028 마음의 병 사역하기

영적 사역자의 기본 방어수칙 7가지 · 101

악한 영들을 대적사역하기 위한 준비과정 4단계 · 103
    029 주님의 임재를 원하는 기도

자가 축사기도 순서 8단계 · 105

사탄의 공격을 대적하는 원리 · 108

질병을 고치는 사역기도 순서 · 108

악한 영들의 영적 쓰레기 청소 사역하기 · 111
    030 악한 영들의 영적 쓰레기 청소 사역하기

장소에 대한 권세기도 · 112

보혈기도로 적용하기 · 113
    031 보혈기도

대적 사역을 위한 절차와 준비하기 · 114

3장 : 능력의 대적 방패기도 베스트
사탄, 귀신을 쫓아내는 대적 방패 기도

귀신을 쫓아내는 대적 방패기도 · 118
　　032 성령 초청 기도

사탄 마귀가 주는 묶음과 눌림의 증상 · 119
　　033 사탄 마귀가 주는 묶음과 눌림 대적기도
　　034 악한 영을 쫓는 기도 | 035 대적 방패 기도

성령의 임재가 있는 치유기도 · 124
　　036 성령의 임재를 원하는 기도
　　037 하나님은 지금도 살아계셔서 나에게 역사하십니다

성령님을 초청하는 영의기도 · 126
　　038 성령님을 초청하는 영의기도① | 039 성령님을 초청하는 영의기도②
　　040 성령님을 초청하는 영의기도③ | 041 성령님을 초청하는 영의기도④
　　042 성령님의 임재를 구하는 기도 | 043 성령 충만한 시작기도①
　　044 성령 충만한 시작기도② | 045 성령님께 물어보기

대적 명령기도 · 133
　　046 대적 명령기도① | 047 대적 명령기도② | 048 과거형 대적명령 기도
　　049 회복의 영적기도① – 자화상 | 050 회복의 영적기도② – 인간관계
　　051 왕처럼 권세 있게 말하고 다스리는 기도 | 052 부정적 생각을 대적하는 기도

대적 능력 방패기도 · 139

053 귀신을 쫓아내는 기도 | 054 사탄을 묶는 기도
055 마귀의 활동을 금지 명령기도 | 056 영적 무장기도 | 057 영적 방어 방패기도
058 사탄의 공격을 방어하는 방패기도
059 지진, 홍수, 기근, 충격적 사건, 전쟁, 참상을 극복하는 기도
060 우상숭배, 이단에 참여한 죄 기도

가계의 저주를 차단하고 끊는 기도 · 148

061 가계의 저주를 차단하는 기도 | 062 저주를 차단하고 파괴하고 끊는 기도
063 저주를 끊는 기도 | 064 가계의 저주를 끊는 방안과 기도문 ①
065 가계의 저주를 끊는 기도문 ②
066 대대로 가계에 흐르는 저주(curse) 읽기로 끊기 ③
067 예수 피로 덮어 저주를 끊는 기도 사역하기 ④
068 가정에 반복되고 대물림되고 전이되고 유전되는 모든 병 끊기 ⑤
069 가계를 통해 침입한 악한 영을 추방하는 기도
070 사탄의 세력이 스며드는 통로를 차단하는 기도

맹세, 저주, 헌신, 죄의 영적권세를 파쇄하는 기도 · 160

071 맹세를 파쇄하기 | 072 맹세, 저주, 헌신, 죄의 영적권세를 파쇄하기
073 사탄이 지닌 권리와 참상의 영적권세를 무효화하기
074 마귀를 대항하는 기도 | 075 덮는 기도 | 076 분리기도
077 묶는 기도 | 078 전신갑주의 기도 | 079 가장과 영적권세

신유와 치유기도 · 168

080 치유기도하기 | 081 신유와 치유자 그리스도 – 창조적인 치유의 기도
082 신유와 치유자 그리스도 – 치유의 자유기도 | 083 신유 고침의 명령 사역기도

084 신유의 기도 | 085 신유 치유 인사 메시지 | 086 신유 치유 사역기도
087 묶고 있는 질병을 푸는 기도 | 088 믿음의 치유기도
089 하나님의 임재와 치유기도 | 090 설교 중에 주신 치유사역하기
091 치유와 축복의 사역 메시지

영적 쓰레기 청소 사역하는 기도 · 178

092 영적 쓰레기 청소 사역하기 ① | 093 영적 쓰레기 청소 사역기도 ②
094 주님의 초청하심의 기도 | 095 우두머리 귀신 추방사역하기
096 오염된 장소 청소사역기도 | 097 아이들의 방을 영적으로 청소 사역기도
098 자녀의 질병을 놓고 기도하기

보혈의 능력기도 · 185

099 예수의 피(The Blood of The Lamb) 기도하기
100 예수 그리스도의 보혈을 주장하라 | 101 예수 그리스도의 보혈의 능력의 기도
102 보혈에 의지하고 호소하는 방법 | 103 보호기도
104 어린 양 피의 기도 | 105 보혈의 권세로 드리는 기도

내적 영혼의 문제를 치유하는 기도 · 191

106 근심의 영을 대적하는 기도 | 107 무기력한 영을 대적하는 기도
108 교만의 영을 대적하는 기도 | 109 비판 비난의 영을 대적하는 기도
110 신경질과 짜증의 영을 대적하는 기도 | 111 우울함의 영을 대적하는 기도
112 염려와 두려움, 근심의 영을 대적 기도하기 | 113 분노의 영 치유사역 기도
114 무기력을 제공하는 영 대적기도

죄, 회개, 구원을 주는 기도 · 198
　115 죄를 회개하는 기도 | 116 죄의 문제를 다루는 기도
　117 십자가의 은혜로 구원 받음 | 118 회개기도
　119 회복의 기도 – 사랑의 결핍 | 120 회복의 기도 – 사랑의 회복

주여, 예수의 이름의 기도 · 203
　121 예수 이름의 능력을 구하는 기도 | 122 주여~, 주여~ 외침의 기도 ①
　123 "예수님~, 예수님~" 침노의 기도 | 124 주여~ 호흡기도

가난과 재정의 파탄의 저주 끊기 · 206
　125 경제적인 궁핍을 이기는 기도 | 126 지갑과 통장을 다스리는 영적기도
　127 빚을 청산하고 부채를 탕감하는 기도 | 128 매월 지불해야 할 청구서를 위한 기도
　129 물권을 제어하는 기도 | 130 외상값을 받기 위한 기도
　131 소유자산, 땅, 집, 자동차를 위한 기도 | 132 봉급이 올라가기 위한 기도
　133 일자리와 취직을 위해서 기도 | 134 비만의 영(과식) | 135 도박의 영
　136 5장 6부의 강화기도 | 137 음란의 영을 대적하기
　138 성범죄를 치유하기 위한 기도 | 139 무좀을 일으키는 영을 대적기도
　140 부흥의 기도 | 141 하나님과 대화식 기도 | 142 충만한 기름부음의 기도하기
　143 천사를 초청하는 기도 | 144 축복으로 채우는 기도 | 145 내려놓는 기도 사역하기
　146 거듭남의 기도 | 147 축복의 말을 나누는 기도 | 148 나라를 위한 기도
　149 주님 영접 기도 | 150 예수님을 구주로 영접하는 기도
　151 승리로 이끄는 선포 기도하기

4장 : 실제적인 생활 대적기도

주의 이름과 능력으로 사탄을 초토화시키는 기도

152 악한 영을 저주하는 기도

이기는 대적기도 실전 지침서 · 236

153 짧은 예수 이름의 명령기도 | 154 귀신을 무릎 꿇게 하는 대적기도
155 축귀 사역을 위한 방어기도 | 156 성령의 임재를 위한 기도
157 가족에 대한 권세와 보호와 안정을 주장하라 | 158 남편의 권세를 주장하라
159 태아를 축복하는 권세를 주장하라 | 160 축복하는 권세를 주장하라
161 하나님의 보호와 안전을 주장하라
162 문제를 놓고 당신의 권세를 입으로 주장하라
163 예수님의 권세를 보호와 예방을 위해 주장하라
164 영적 기선을 잡는 기도 | 165 축복을 끌어당기는 기도 | 166 중독에서 벗어나기
167 자살의 영 대적기도 | 168 어두움과 실패 그리고 좌절에서 회복하는 대적기도
169 땅 밟기 대적기도 | 170 군 생활을 하면서 이기는 대적기도
171 채무의 영에서 벗어나기 | 172 우울함의 영을 이기는 대적기도
173 불안감을 이기는 대적기도 | 174 악몽을 꾸었을 때 대적기도
175 배우자가 폭력과 강력한 혈기의 영을 끊는 대적기도
176 상한 마음(속 사람)을 치유하고 보호하는 기도 | 177 상처난 감정의 치유 기도
178 인간관계의 문제 해결
179 악한 영들로부터 받은 모든 이권(利權)을 회개하고 취소하는 대적기도
180 부정적인 영과 혼의 결속에서 해방되기 위한 대적기도
181 악한 영을 축귀하는 기도 | 182 축복의 말씀으로 채우는 기도
183 상한 마음을 치유하는 기도

5장 : 영적 인물별 능력의 전투적 기도
산을 옮길 만한 믿음을 가져라

인물별, 사탄의 공격을 이기는 대적기도 · 274

캐트린 쿨만의 능력기도 · 277
184 캐트린 쿨만(Kathryn Kuhlman)의 능력기도

신디 제이콥스의 기도 · 279
185 멍에를 꺾는 기도 | 186 사탄을 묶고 매는 기도
187 사탄의 궤계를 멈추게 하는 기도

베니 힌의 기도 · 281
188 베니 힌(Benny Hinn)의 기도

피터 와그너의 기도 · 282
189 피터 와그너(C.Petr Wagner)의 기도

메릴린 히키의 기도 · 283
190 사탄을 결박하는 명령기도 | 191 조상의 저주를 끊는 기도 | 192 고백의 기도

찰스 H. 크래프트의 기도 · 285
193 찰스 H. 크래프트(Charles H. Kraft)의 기도

토마스 E. 타스크의 기도 · 287
194 토마스 E. 타스크(Thomas E. Trask)의 기도

켄 가디너의 기도 · 288
　195 켄 가디너(Ken Gardiner)의 기도

프란시스 맥너드의 기도 · 289
　196 프란시스 맥너드의 기도

캔 손버그의 기도 · 290
　197 캔 손버그의 기도

찰스 피니의 기도의 기도 · 291
　198 찰스 피니의 기도

케네스 해긴의 기도 · 292
　199 케네스 해긴(Kenneth E. Hagin)의 기도

앤드류 머레이의 기도 · 293
　200 앤드류 머레이의 기도

〈참고문헌〉 · 294

1장

이기는 대적기도
사탄을 묶고 결박하여 꾸짖고 쫓아내라!

마귀의 머리를 칼로 베어버린
마틴루터(Martin Luther)의 방법을 기억하라.
마귀는 그에게, "너는 죄인이다!" 라고 말했다.
마틴루터는, "그래 맞다!" 고 대답했다.
그리고 이어서 이렇게 말했다.
"그러나 그리스도께서 죄인을 구하시려고 죽으셨다!
그리고 부활하셨다!"
이렇게 그는 말씀의 칼로 마귀의 목을 베어버렸다.
아멘.

사탄(귀신, 악령) 추방사역 대적기도하기

이 원고를 쓰고 있는데, 한 통의 전화가 왔다. 지역은 대구이고, 내용을 한 마디로 말하면 어머니가 귀신 들려서 매우 힘든 삶을 살고 있는 집사님이셨다. 어머님이 이유 없이 교회를 다니는 것을 싫어하시고, 가정 예배를 드리면, 그 예배를 비웃으시고, 어머니를 위해 기도하면, 귀신이 주는 방언 기도로 하기도 한다는 것이었다. 가정 예배를 드린 날은 몸이 아프고, 어머니 앉으셨던 곳은 반드시 이상한 냄새가 나고, 심지어는 남편조차도 가정 예배를 드리면 죽이겠다는 협박까지 한다는 것이다. 그래서 어떻게 하면 좋겠느냐고 물어왔다. 죽고 싶은 심정이라 했다.

마태복음 4:10
이에 예수께서 말씀하시되 사탄아 물러가라 기록되었으되 주 너의 하나님께 경배하고 다만 그를 섬기라 하였느니라

너무 무서워하지 말라. 사탄 마귀는 우리의 밥이다.

허나 우리가 사탄 마귀의 먹이가 되지 않으려면, 먼저 주 예수 그리스도의 이름으로 대적하는 영적 명령사역을 익혀야 한다. 그리고 이미 우리는 사탄을 제압할 공격 무기를 가지고 있으므로 그 사용법을 숙지하여 능수능란하게 사용하도록 연습해야 한다.

민 14:9

다만 여호와를 거역하지는 말라 또 그 땅 백성을 두려워하지 말라 그들은 우리의 먹이라 그들의 보호자는 그들에게서 떠났고 여호와는 우리와 함께 하시느니라 그들을 두려워하지 말라 하나

아직도 많은 그리스도인들이 지금도 영적전쟁 중인 것을 인지하지 못하고, 영적전쟁 중인 사실조차 잘 모르고 살아간다. 사탄, 마귀로부터 공격을 받은 많은 사람들이 고통을 겪고 있음을 인식하지 못하고 있다.

한 번은 생각만 해도 소름 끼치는 참으로 안 좋은 꿈을 꾸었던 적이 있었다. 알고 봤더니 꿈속으로 악령이 찾아와서 나를 괴롭히는 것이었다. 그래서 그것이 악령이 주는 것임을 인지하고는 좋지 않은 꿈을 꾸게 되면, 즉시 일어나서,

003 예수의 이름으로 명하노니, 사탄아 물러가라!
예수 그리스도의 이름으로 선포하노니, 꿈으로 들어온 악한 영들은 당장 물러갈 지어다! 예수님의 보혈로 통로를 차단하노라!

그렇게 영적 명령을 하니 그 다음부터 꿈에 악령이 나타나지 않았다. 생각만 해도 무시무시한 꿈은 사라져 버렸다.

그때 생각과 꿈으로 들어오는 마귀조차도 악령 추방 명령사역은 반드

시 통한다는 것을 알게 되었다. 그래서 이미 목회를 하기도 전에 부흥사로 그리고 능력 사역을 하게 하셨고, 주님의 권능이 임하게 되었다.

아마도 사탄과 악한 영들이 이 책을 가장 싫어할 것이다. 왜냐하면, 이 책은 사탄의 정체를 드러내고 허를 찌르는 무기이자, 강력한 공격의 지침서이며, 그들의 실체를 적나라하게 드러내기 때문이다.

이 책으로 말미암아 이 시대에 움츠러들었던 사탄, 악령, 귀신 추방사역과 영적 대적기도 사역이 과거 음지에서 양지로 나오는 계기가 되었으며 한다. 또한 사악한 영들의 궤술과 활동에 제동을 거는 영적 무기가 되기를 간절히 바란다.

더불어 지금도 영적 귀신을 쫓는 사람들이 부활되어 이 세상과 특히 한국에 존재하는 영적 악한 영들이 물러가는 역사가 더욱 활발히 일어나고, 더 많은 사람들이 영적 귀신을 쫓아내고 대적기도의 은사 사용을 더 활발히 하게 되기를 바란다.

다시 한 번 우리 주변의 장소, 사물, 사람에 붙어있는 귀신을 쫓는 사역이 부활되기를 바라며, 귀신을 쫓아내는 사역자들의 활동이 왕성하여지기를 바란다. 영적 고지가 점령될 때까지 말이다.

고대의 마귀숭배 의식과 귀신 추방법 알아보기

예수님의 사역 중 하나가 귀신을 추방하는 것이었다. 예수님의 공생애 시대는 귀신이 많은 시기였고, 또한 귀신숭배가 굉장히 크게 번졌던 때였다. 그래서인지 귀신들린 사람들도 많았다. 그러므로 당시 귀신을 추방하는 일은 대단히 보편적인 일이었다. 그래서 어디서나 볼 수 있는 흔한 의식이었다.

당시 귀신 추방사역은, 유대교의 흔한 의식이었다. 그래서 순회하는 유대인 귀신 추방자들이 많이 있었다. 예수님도 그랬고, 예수님의 제자들도 귀신을 추방하는 것은 보편적인 사역이었다.

사도행전 19장 13-19절의 본문을 보면, 유대인들이 순회하면서 귀신을 쫓던 유대인의 행습을 볼 수 있다. 또한 사도들이 능력 있는 예수님의 이름을 사용하여 귀신을 추방하는 것과 바울이 '예수 그리스도의 이름으로' 점치는 여인에게서 점치는 귀신을 추방한 일을 잘 알고 있다.

초기 예수님의 생애와 그 시대에는 축귀사역과 치유 사역은 당시 유대교의 의식이었고, 흔한 일이었다.

<고대 유대교의 전통적 사상> 만약 악한 사람이 죽으면, 그 영혼들이 사람들을 사로잡아 귀신들리게 하여 죽게 한다는 것을 믿었다. 또한 악한 천사들이라는 하는 귀신들에게 사람들이 사로잡힌다고 믿는 것은 당

시 일반적인 생각이었다.

단 사두개파 사람들만 제외하고는, 모든 유대인들은 전적으로 그렇게 믿고 있었다. 이 귀신을 추방하는 의식은 예수님 오시기 전에 있었던 유대교의 전통적인 사상이었다.

고대 유대교의 마귀론을 보면, 신구약의 교훈과는 전혀 다르게 미신에 빠져 있었다. 유대의 제자장들과 랍비들과 율법학자들은 하나님의 말씀을 떠나, 사람의 구전을 따라 **"사람의 계명으로 교훈을 삼아"**(마15:9) 가르쳤다. 그리고 고대의 보편적인 이스라엘은 마귀숭배 의식으로 가득 차 있었다.

예수님의 당시 초기 교회역사를 보면 유아세례의 의식에서 사용되어 졌던 축귀사역은 아래와 같다.

 더럽고 악한 영아!
이 아이에게서 떠나라! 그리고 성령께서 임하실 것이다!
이스라엘아 들으라 우리 하나님 여호와는 오직 하나인 여호와시니
신명기 6장 4절을 외우고, 주문에 의지하였다.

<고대 바벨론의 귀신 추방의식> 또한 고대 바벨론의 귀신들은 어디에나 가득 차 있었다. 귀신들은 문틀 밑으로 기어 다니며, 모든 구석진 곳에 가득 차 있었으며, 벽과 울타리 뒤에 험악하게 숨어 있었다. 따라서

그들을 달래기 위하여 주문呪文과 요술적인 기도와 종교적인 숭배의식을 취하였다.

이와 같은 마귀숭배는 고대 앗수르에서도 동일하였다. 그리고 이와 같은 마귀숭배는 아랍종교에서도 찾아 볼 수 있다. 고대 바벨론 사회에서는 아주 흔한 의식이었다.

〈아랍종교의 마귀숭배〉 마귀들은 어디나 가득 차 있었다. 그래서 마귀들은 부주의한 자들을 기다리며 엎드려 있다고 믿었다. 그래서 사막의 사람인 아랍사람들은 그들의 영혼을 너무 두텁게 의존하기 때문에 그들이 무엇을 던져 버릴 때에 그것이 그 악령들 중 몇몇에게 맞을 것을 염려하여 용서를 빌기도 하였다.

마찬가지로 목욕탕을 들어갈 때, 물이 넘쳐서 마귀들이 물벼락을 맞을까 염려하여 용서를 빌고 조심하여 들어갔다고 한다. 이들은 귀신들이 물에 사는 영들과 땅에 사는 영들, 나무 귀신, 집 귀신 등등 여러 계층의 귀신들로 구분되어 있다고 믿었다.

〈그 외의 귀신숭배〉 이슬람교의 코란에서도 선한 귀신이 있고, 악한 귀신들도 있다고 기록되어 있다.

페르시아의 옛 경전인 젠드 아베스타Zend-Avesta에 의하면 귀신들은 파괴적인 영의 피조물이라고 말하고 있다. 또한 고대 이집트인들은 사람의 몸을 36부분으로 나누고 그 각 부분은 각기 다른 귀신과 합해 있다고 믿었다. 그러면서 귀신을 숭배하였다.

〈한편 정글시대의 야만인들은〉 일반적으로 악몽이나 나쁜 꿈을 악한 귀신의 역사로 생겨나는 것이라고 생각하였다.

인도의 여러 지방에서는 귀신 춤과 피 흘리는 제사가 성난 귀신들을 달래기 위한 의식이라 믿었다.

〈중세 로마 가톨릭교회의 축귀사역〉 가톨릭 교회에서는 다음과 같은 미신이 행하여지고 있었다. 강단 앞에 초불을 켜놓는 일이었다. 이 의식은 불로 악령을 제지한다고 믿었다. 그래서 어디든지 성전 안에 이 양초가 불 켜졌거나 놓여 진 곳에서는 어둠의 세력이 두려워 떨며 깜짝 놀라서 도망치게 한다는 것이다.

로마 카톨릭 교회의 축귀사역 문구를 보면 다음과 같다.

 개인적인 축귀사역
예수 그리스도의 이름으로 명하노니 너 더러운 영은 이 하나님의 피조물로부터 떠날지어다!

세례의식에서 행했던 축귀사역

더러운 영아, 그에게서 떠나라!
그리고 성령님께서 네 자리를 내어주라.
더러운 영아, 나는 성부 성자 성령의 이름으로 너를 쫓아내노니,
너는 이 하나님의 종으로부터 나오고 떠나라!

<외경에 귀신 추방사역> 외경 중에 하나인 토빗서Book of Tobit에 언급한 우스꽝스러운 귀신 추방법의 기록을 보면, 쉽게 당시의 귀신 추방법을 알 수 있다. 토빗서에는 기적적으로 잡힌 고기의 심장과 간이 재단 위의 향에서 태워지고 있는 기사가 있는데, 그 냄새와 연기로 귀신이 싫어서 곧 추방된다는 것이다.(Tobit 6:7; 8:2-3)

<에드워드 4세의 기도서에 나타난 축귀기도> 에드워드 4세의 기도서에 나타난 축귀사역 기도문을 보면 아래와 같다.

 나는 성부와 성자와 성령의 이름으로 너 더러운 귀신에게 명하노니, 너는 이 유아들로부터 나와서 떠나라!
그들은 우리 주 그리스도께서 친히 당신의 거룩하신 침례로 부르신 자들이며 당신의 몸, 당신의 회중의 지체로 삼으신 자들이다.
그러므로 저주 받은 영아, 너희 심판을 기억하라.

그리고 너와 너의 사자들을 위하여 예비 된 영원한 불 속에서 불 타게 될 그날이 다가 왔음을 잊지 말라.

〈동방 시리아에서 행해진 축귀기도〉 그리고 동방 시리아에서 행해졌 던 축귀 사역 기도를 보면 아래와 같다.

007 악한 영아,
나는 전능하신 성부 하나님과 그 아들 예수 그리스도와
보혜사 성령을 통하여 너에게 명하노니,
너는 이제 그분의 능력을 보고서
네가 포로로 삼았던 이 그릇에서 떠나라!

〈예수님의 귀신을 쫓는 추방사역〉 귀신 추방법은 주님과 사도들의 시 대의 유대인들 사이에 널리 유행되던 것이었다. 그러나 예수님의 귀신 추방 방법은 이들 유대인들과 민족적인 귀신 추방법과는 전적으로 다르 다. 또한 예수님이 이 땅에 오시어 하신 사역 중 하나가 귀신들을 추방하 는 것이다. 쫓아내는 것이다. 예수님의 귀신 추방 사역은 위와 같은 마귀 숭배 의식이 아니었다. 관례적인 형식이 아니다.

주님이 행하시고 귀신을 쫓아낸 것은 하늘 아버지가 주신 '권세와 능 력'을 가지고 계셨다. 그런데, 그 권세와 능력을 다음의 사람들에게도 위임하였다.

　첫째, 이 권세와 능력을 12제자들에게도 주었다.(막 3:14-15)
　둘째, 70인 제자에게도 그 권세와 능력을 주었다.(눅 10:17)
　셋째, 예수를 믿는 모든 신자들에게도 그 권세와 능력을 주었다.
(막 16:17)

　하나님의 자녀는 모두다 주님이 주신 막강한 권세와 권능을 가지고 있음을 깨달아야 할 것이다. 악령들에게 명령할 때에는 간단하면서도 단도직입적으로 하여야 한다. 아래와 같은 영적 명령으로 단호하게 행하라.

　예수님의 귀신 추방법은 언제나 동일하시다. 마술적인 의미나 의식적이거나 무용한 쓸데없는 주문에 있지 않았다. 오직 성령을 힘입어 말씀의 능력으로 이루어졌다.

　예수님께서 귀신들에게 사역을 했을 때는 그를 메시야의 주인으로서 순종하였다. 그의 능력을 인정하였다.

　"사탄아, 물러가라!"
　"주님의 이름으로 명하노니, 가라!"

그러나 내가 하나님의 성령을 힘입어 귀신을 쫓아내는 것이면 하나님의 나라가 이미 너희에게 임하였느니라 (마 12:28)

〈그리스도인들의 귀신 추방의식〉 사도행전 19장 13절에 보면, 그리스도인들의 귀신 추방의식인 **"주 예수님의 이름으로"**라고 외웠다. 예수님을 그리스도로 믿는 개인적인 신앙고백이었다.

예수님의 이름으로 선포하라.

유대교의 귀신 추방의식은 말씀을 외우고, 주문에 의지하는 것이었지만, 그리스도인의 귀신 추방사역은 "주 예수님의 이름으로" 성령을 힘입어 신앙고백하는 것이다. "주 예수님의 이름으로" 선포하는 것이다.

"예수님의 이름으로" (막 16:17, 눅 10:17)

"칠십 인이 기뻐하며 돌아와 이르되,

　주여 주의 이름이면 귀신들도 우리에게 항복하더이다."

"예수님의 이름으로"라는 말은 **"그분의 능력으로"**, **"그분의 모든 것과 행하시는 모든 것으로"**라는 말과 같은 것이다.

즉 주님이 함께 하신다는 의미이다.

예수님은 **"성령의 능력으로"** 치유할 수 있다고 말씀하셨다. (마 12:28) 결국 예수님의 귀신추방사역은 "하나님의 성령으로" 이루어진다.

새로운 경기와 싸움에는 거기에 합당한 규칙과 준수사항이 있다.

씨름은 씨름의 규칙이 있고, 권투는 권투의 게임 규칙이 있다. 또한 전쟁에서도 이기는 규칙을 가지고 싸워야 이기는 법이다. 그러므로 영적 전쟁의 싸움에서 이길 수 있는 법칙은 단 한 가지 예수님의 이름으로 **"사탄아, 물러가라!"** (마 4:10) 명령을 강력하게 사용하는 것이다.

육의 경기는 몸으로 싸우는 경기이다. 그래서 그것은 육체의 병기, 육의 힘이나 기술로 싸운다. 또한 공부는 머리싸움이다. 그러나 영적 싸움은 육체의 병기를 사용할 수 없다. 오직 영적인 무기인 예수님의 이름과 하나님 말씀, 그리고 기도와 찬양을 사용해야만 한다.(고후 10:3-4)

하지만 아직도 많은 사람들은 육체적인 방법으로 마귀와 싸우려 하는 것을 보게 된다.

귀신들을 이기는 최고의 법칙은 예수님의 "보혈"의 소리를 가장 무서워한다는 것이다. 그러므로 우리는 아래와 같은 영적 능력기도와 영적 선포를 날마다 사용해야 한다.

"예수님의 보혈을 뿌리노니 사탄아, 물러가라!"

여러 차례 강조했지만, 예수님은 "사탄아, 떠나라!"는 사탄을 쫓는 영적 사역을 최초로 사용했다는 것이다. 예수님의 최초 영적사역 명령은 바로 마태복음 4장 10절에서 유일하게 제시하고 있다.

영적 우두머리인 사탄을 제압하는 것을 볼 수 있다. 그러나 사탄은 잠시 떠났다. 그리고 다시 돌아온다. 다시 누구에게 왔는가?

베드로에게 온다. 그래서 예수님은 어떻게 했는가?

"사탄아, 내 뒤로 물러가라!"

베드로는 예수님이 세상의 왕이 되길 바랬다. 그러나 예수님은 사탄의 생각으로 봤다. 그래서 잘못하는 베드로를 향해 예수님이 꾸중하신 말씀과 같은 것이다.

막 8:33

예수께서 돌이키사 제자들을 보시며 베드로를 꾸짖어 이르시되 사탄아 내 뒤로 물러가라 네가 하나님의 일을 생각하지 아니하고 도리어 사람의 일을 생각하는도다 하시고

영적능력을 선포하는 사람들은 사탄과 세상의 임금들을 향해 그렇게 말해야 할 것이다. "사탄아, 내 뒤로 물러가라!" 이것이 가장 분명하고 짧고 강력한 영적 귀신추방의 법칙이다. 이 신적인 영적명령 법칙을 우리에게 주셨고 그 권세를 사용하는 일만 남았다. 그러나 주신 권세와 능력을 사용하지 않으면 녹슬게 되어있다.

시간이 지나면, 제 기능을 발휘하지 못한다. 심지어 그들의 노예로 살아야 할 수도 있다. 따라서 이 귀신을 제압하는 영적명령의 법칙들을 익혀 수시로 사용하기를 원한다.

하나님 나라를 확장하는 데 강력하게 쓰여야 할 것이다.

그런데 사탄이 제일 싫어하는 것은, 그들의 주된 일은 바로 이 사실을 모르게 하는 것이다. 하나님의 자녀들이 사용하지 못하도록 우리의 입술을 패배의 말로, 부정의 말로 묶고 있다.

지금도 사탄은 온 힘을 다해 이 짧고 강력한 신적인 영적명령의 법칙을 감추는 것이다. 이런 명령의 효력을 정지시킨다. 그렇기에 이 비밀을 찾아 사용하는 사람들을 가장 싫어한다는 사실이다.

오늘날 가장 강력한 힘을 발휘하는 영적 무기는 바로 보혈의 능력을 힘입어, 성령의 힘입어 예수의 이름으로 선포하는 것이다.

"사탄아, 물러가라!"

공격적인 영적 침략전쟁 – 선제공격을 하라

마태복음 11:12
지금까지 천국은 침노를 당하나니 침노하는 자는 빼앗느니라

두 소경이 길가에 앉아 있다가 소리를 지르며 예수님을 불렀다. 사람들은 그들에게 조용히 하라고 일렀다 하지만 이러한 말은 오히려 소경의 결심을 더 굳게 할 뿐이었다. (마 9:27)

열두 해를 혈루증으로 고생했던 여인이 군중을 비집고 조용히 다가왔다. 그리고 마침내 그 여인이 예수의 겉옷 가를 만졌을 때 치유가 임했

다. (마 9:20-22)

이와 같은 **믿음의 적극적인 영적 태도**가 이기는 것이다.

영적인 세계에서 믿음은 항상 공격적이다. 그리고 적극적이다. 용기가 넘친다. 믿음으로 천국을 빼앗는 것은 공격적인 행위였기에 가능한 것이다.

열려라, 참깨! 닫혀라, 참깨!

세계명작동화에 보면 유명한 알리바바와 40명의 도둑이라는 이야기가 나온다. 옛날 페르시아 나라의 어느 도시에 두 형제가 있었는데, 어느 날 동생 알리바바가 산에서 나무를 하고 있는데, 40명의 도둑들이 훔쳐 온 보물을 바위 안에 넣어두는 것을 보았다. 그런데 바위 문을 열고 닫는 열쇠가 다름 아닌 "열려라, 참깨!"라는 명령을 바위를 향하여 외치는 것이었다.

바위를 닫을 때도, 동굴 바위를 향해 "닫혀라, 참깨"라고 명령하는 것이었다. 도둑이 간 후에 알리바바도 그 바위에 대고 두목의 흉내를 내어 "열려라, 참깨!" 하고 명령했다. 그러자 바위가 움직여서 그 보물의 동굴이 나타났다. 그래서 그 보물을 발견한 알리바바는 큰 부자가 되었다는 이야기이다.

그런데 우리에게도 이와 같은 이기는 대적기도 능력을 주셨다. 능력의 열쇠, 축복의 열쇠, 승리의 열쇠, 치유의 열쇠를 주셨다. 바로 "열려라, 참깨!"와 같은 믿음의 소리이다. 즉 "보혈"을 의지한 능력의 말씀을 외치는 것이다. 그러면 문제와 질병은 물론이고 부와 건강의 보물을 주실 것이다.

영적 도둑을 제압하고 승리하는 최고의 영적 병기가 바로 당신의 입술의 명령이다. **"예수의 이름으로 귀신아! 떠나가라!"**

다 알다시피 말에는 죽고 사는 권세가 들어 있다. 그래서 이 엄청난 사실을 알리고 모든 삶에 이 영적 명령의 법칙을 적용시키고자 이 글을 쓰기로 결정했다. 그래서 사도바울은 구원을 마음에 두지만 말고 입으로 시인하라고 권면한다.

"**입으로 시인하여 구원에 이르느니라.**" (롬 10:10)

지금 공격할 무기가 우리 손에 있다.

축구 경기, 야구 경기에서 수비만 해서는 이길 수 없다. 반드시 공격을 해야 한다.

"사탄아, 물러가라!"는 권세는 지옥의 권세를 멸하라고 주신 것이다.

다시 말해서 세상 속으로 무장하여 침투하라고 주신 것이다.

마귀는 광야 시험을 통해 예수께서 죄를 짓도록 유혹했다.

예수님은 분명히 마태복음 4장 10절에서 사탄을 제압하고, 승리하는 비결을 제시해 주셨다. 그런데 오랫동안 교회는 영적 전쟁에서, 즉 영혼을 구하는 전쟁에서 수비만을 해 왔다.

예수님의 뜻은 우리가 선제공격하기를 원하고 계신다. 그러므로 하나님의 지상명령은 공격적인 명령인 것이다.

지금 우리의 위치는 공격해야 하는 위치다. 그렇다면 공격을 해야만 이길 수 있다. 그래서 코치는 공격을 지시하는 것이다. 다만 수비는 공격을 위한 전단계일 뿐이다.

사탄은 우리가 수비 태세를 취하도록 온 수단과 방법을 다 쓴다. 그런데 자신은(마귀) 사자처럼 울부짖고 있다. 그러나 공격할 공이 지금 우리 손에 있다. 예수님의 피로 산 우리는 성령 충만한 사람들이다. 선제공격할 수 있는 검을 지닌 자이다. 그러므로 정복하는 사람들이다. 예수님의 능력을 우리에게 위임해 주신 이유는 우리에게 주신 권세로 공격하여 사탄을 물리치라고 주신 것이다. (사 42:11, 13)

그 능력(두나미스)은 바로 복음에 있다.

"능력"이란 단어의 원어인 두나미스는 "할 수 있는 힘"이란 뜻이다.

당신에겐 지금 빼앗긴 하나님 나라의 영적 고지를 점령하고 침투하는 능력이 있음을 믿으라.

"하나님의 나라는 말에 있지 아니하고 오직 능력에 있음이라" (고전 4:20)

나는 너를 애굽 땅에서 인도하여 낸 여호와 네 하나님이니 네 입을 크게 열라 내가 채우리라 하였으나 (시 81:10)

성공의 열쇠가 내 손 안에 쥐어져 있다.

　나는 과거 목회자가 되기 전에 한 제조 유통 회사의 사장이었다. 그곳에서 난 말의 권세가 실패의 삶에서 성공의 삶으로, 그리고 긍정적인 생각이 절대절망에서 성공으로 바뀌어 진다는 놀라운 원리를 발견하고 영적 리엔지니어링 책을 쓰게 되었다.

　더욱 놀라운 발견은 성공, 부, 행복, 치유, 승리, 해결 등 모든 것들이 이 영적 명령의 법칙에 의해 능력이 작용된다는 사실을 사역현장에서 체험할 수 있었다.

　나는 약속할 수 있다. 이 책을 10독 하면, 반드시 당신의 전 인생이 성공적 영적 체질로 변화될 것이고, 하는 모든 영역에서 수확과 열매를 거두게 될 것이다.

　다시 말해서 하는 일마다 다 잘 될 것이다.(시 1:3) 배가되는 성장이 있을 것이다.

　거듭 거듭 말하지만, 본 책을 10독하고 따라 실천하면 경제적, 영적, 육체적, 사회적 모든 삶의 영역에서 성공적이고 창조적인 삶을 누릴 수 있게 된다. 바로 당신이 능력의 주인공이 될 것이다.

　먼저 **"말에는 생명과 사망의 능력이 있다"**는 진리를 믿어야 할 것이다. 다시 말해서 말에는 능력이 있다. 과거의 쓰레기와 상처, 결핍과 무기력을 만들어내는 말의 능력을 버리고 대신에 이제 영적, 물질적 부를 창조하고 치유하는 능력의 사용법을 배우게 될 것이다. 그리고 생각이 모든 것을 지배하고 있음을 깨닫게 될 것이다.

시편 81편 10절 "네 입을 크게 열라 내가 채우리라"는 말씀이 있다.

이 말씀의 의미는 채우는 것은 하나님이 채우시는데 입을 여는 것은 우리의 몫이라는 것이다.

입을 열어 크고 위풍당당하게 선포하고 열라!

하나님의 통치 방법

생각, 꿈, 믿음 --> 말 --> 3, 4차원의 시간과 공간, 물질을 지배한다.

욜 2:32

누구든지 여호와의 이름을 부르는 자는 구원을 얻으리다

눅 10:13

누구든지 주의 이름을 부르는 자는 구원을 받으리라

롬 10:10

입으로 시인하여 구원에 이르느니라

시 81:10

네 입을 크게 열라 내가 채우리라 하였으나

소리를 외쳐 공격하라!

사람들은 이스라엘 백성들이 여리고 성의 주위를 빙빙 돌았기 때문에 여리고 성이 무너졌다고 흔히 생각한다. 하지만 여리고 성은 그 주위를 빙빙 돌아서 무너진 것이 아니다.

여리고 성은 마지막 날에 이스라엘 백성이 빙빙 도는 것을 마치고 마지막 날에 믿음의 영적 소리를 질렀을 때 무너졌다.

여호수아 6:20

이에 백성은 외치고 제사장들은 나팔을 불매 백성이 나팔 소리를 듣는 동시에 크게 소리 질러 외치니 성벽이 무너져 내린지라

그렇다면 여리고 성의 주위를 빙빙 돈 것은 영적인 결박을 의미하는 것이다. 그래서 소리로 외치어 공격하는 것이다. 그때 결박된 것은 파괴되는 것이다.

그렇지만 그냥 외치는 소리엔 아무런 능력이 없다. 그 외침에는 예수 그리스도의 능력이 포함된 외침이어야 효력이 나타난다.

 **내가 나사렛 예수 그리스도의 이름으로 명하노니,
나를 결박하고 있는 모든 악한 영은 묶임을 놓고 떠나라!
너의 결박된 모든 것을 보혈의 피로 파괴하노라!**

복음은 능력이다

롬 10:9-10
네가 만일 네 입으로 예수를 주로 시인하며 또 하나님께서 그를 죽은 자 가운데서 살리신 것을 네 마음에 믿으면 구원을 받으리라 사람이 마음으로 믿어 의에 이르고 입으로 시인하여 구원에 이르느니라

당신의 입으로 복음을 시인하라!
"예수는 주님이시다!", "주님은 살아계신 하나님의 아들이다!"
"주님의 보혈엔 능력이 있다.", "예수를 믿으면 구원을 받는다."

사도 바울은 이스라엘 백성들이 회개하여 구원 받기를 간절히 원했다.
이유는 그들의 열심은 행위를 위한 것이었으며, 하나님의 의를 통해서 예수 그리스도의 속죄를 말미암아 가능하다는 것을 모르고 있었다.
그들은 이런 의심을 가지고 있었다. 그래서 하늘에서 그리스도를 모셔 내려와야만 믿을 것이고, 무저갱에서 그리스도를 모셔 올려와야만 믿는다는 것이다.
그러나 그렇지 않다. 내 곁에 계신 주님을 믿고 내 입으로 **"예수는 주님이시다"**라고 시인하고 고백만 하면 구원을 받는다는 것이다.(롬 10:1-13)

구원받기가 그렇게 쉬운 것이나 입을 열어 고백하거나 시인하는 사람을 찾기란 그리 쉽지 않다.

이스라엘 백성처럼 의심하고 믿지 못하여 구원을 놓치지 말고 나의 죄를 위하여 예수 그리스도의 속죄로 말미암아 의를 얻었음을 입으로 시인하여 고백하는 믿음의 그리스도인이 되어라!

이것이 천국을 소유한 자의 지침이며, 천국 백성이 되는 유일한 지름길임을 깨닫기 바란다.

사도바울이 다메섹 도상에서 회개하고 처음으로 다메섹 회당에서 처음으로 복음을 외치는 놀라운 변화가 일어난다. 그런데 그의 첫 선포 메시지는 "예수가 하나님의 아들이시다."라고 외치는 것이었다.

사도 바울이 그리스도의 영이 임하여 깨닫게 된 구원의 방법은 바로 **"예수는 하나님의 아들이시다"** 라는 것을 외치는 것임을 알고 있었다.(행 9:20)

사도바울의 복음

"예수는 하나님의 아들이시다!"

한 번은 예수님이 칠십 인을 세워 각 동네와 각 지역으로, 복음을 전하기 위해서 파송하셨다. 이들이 복음 선교 사역을 잘 마치고 기뻐서 돌아

왔다. 그들이 좋은 결과로 돌아올 수 있었던 요인은 복음을 전하는 현장에서 주의 이름으로 사탄과 귀신들을 제압하였고, 그리스도의 이름을 능력으로 발휘하였다는 것이다.

이처럼 주의 이름에는 원수의 모든 능력을 제어할 권능이 있음을 알아야 할 것이다.(눅 10:17)

눅 10:17
칠십 인이 기뻐하며 돌아와 이르되 주여 주의 이름이면 귀신들도 우리에게 항복하더이다

'그리스도' 네 글자는 능력

여기서 붙었던 귀신들을 떼어 내는 방법을 쉽게 알 수 있다.

성경을 보면, 빌립이 사마리아에 가서 '그리스도'를 전한다고 말하고 있다. 신학을 전한다고 말하지 않았고, 교리를 전한다거나, 철학을 전한다고 말하지 않았다.

빌립은 사마리아 성에 내려가서 '그리스도' 네 글자를 전파하니 많은 사람들에게 붙었던 더러운 귀신들이 떠나가며, 중풍병자와 못 걷는 사람이 나으니 그 성에 기쁨이 충만하다고 말하였다.(행 8:4-8)

빌립이 예수 그리스도를 전하니 치료자 그리스도가 빌립과 함께한 것이다.

예수 '그리스도'라는 이름 네 글자에는 우리와 함께하시는 능력, 우리를 고치는 하나님의 능력인 것이다. 따라서 예수 '그리스도' 네 글자는 죄를 용서하고 병을 고치는 능력이 언제나 임재하고 있는 것이다.

그런데 많은 사람들이 예수 그리스도 이름에 병을 고치는 능력을 인정하지 않고 있다. 복음을 전하기는 전하는데, 신학적인 예수 그리스도, 철학적인 예수 그리스도, 선생이신 예수 그리스도, 역사적인 그리스도만 전파하고 '그리스도'가 계신 곳에 병을 고치는 주의 능력이 함께 임하여 계신 성령의 능력을 인정도 아니하고 환영도 아니하고, 모셔들이지 아니하고, 오히려 그것을 사용하면 비난하고 문제를 삼는 교회들이 많다.

허나 주님은 타협하지 않는다. 흔들림이 없다. 그 어떤 것에도 패할 수 없다. 그러므로 지금도 예수 그리스도가 우리와 함께 계신다.

그리스도 네 글자에는 주님이 임재해 계신다.

베드로의 신앙고백이 무엇인가?

그가 천국열쇠를 소유할 수 있었던 비결은, 그에게 사탄을 묶고 푸는 권세를 마음껏 발휘할 수 있었던 비결은 다름 아닌 다음의 외침과 고백이 있었기에 가능했던 것이다.

아래의 고백이 나의 입술의 시인이 되어야 할 것이다. 아니 입술의 무기가 되어야 할 것이다.(마 16:16)

"주는 그리스도요 살아 계신 하나님의 아들이시니이다."

'그리스도'라는 말은 무슨 뜻인가?

히브리어로는 '메시야'이다. 그리고 헬라어로는 '그리스도'이시다.

이 말은 '기름부음 받은 자'라는 의미이다. 그런데 당시 기름부음을 받을 수 있는 자는 왕, 제사장, 선지자만 가능했다.

내가 예수를 믿고 입으로 '그리스도'라고 고백할 수 있다면 그것은 나에게도 사탄을 묶고 푸는 그리스도의 능력의 권세가 임할 줄 믿어라.

더불어 하늘 문을 여는 천국열쇠를 소유하게 된 것이다.

그래서 복음은 능력이다. 따라서 외치고 고백하라. 순간순간 하나님의 능력이 흘러나간다.

"주님은 살아계신 하나님의 아들이십니다!"

"나의 구원자이십니다."

"예수 그리스도는 능력이십니다."

복음을 부끄러워하지 말라!

믿는 사람들을 보면 복음을 무척이나 부끄러워한다. 심지어는 교회 다닌다는 것조차 부끄러워하는 사람이 있다. 어떤 사람들은 성경책을 가지고 다니는 것을 부끄러워한다.

이것을 알라. 복음을 부끄러워하는 것은 사탄이 가장 좋아하는 태도라는 사실을. 그때 사탄이 들어오는 틈을 제공하게 되는 것이다.

사도 바울이 복음을 부끄러워하지 않은 것처럼, 우리도 모두 복음을 조금도 부끄러워해서는 안 된다. 죽음, 장사 그리고 부활의 복음을 절대로 부끄러워해서는 안 될 것이다.

이 복음이 바로 하나님의 능력인 것이다.

롬 1:16
내가 복음을 부끄러워하지 아니하노니 이 복음은 모든 믿는 자에게 구원을 주시는 하나님의 능력이 됨이라

'복음'이란 글자에는 하나님의 능력이 있다.
따라서 '복음'을 외치고 시인하고 고백하고 부르짖으면 놀라운 기적과 능력이 임하고 또한 사탄의 권세를 제압하며 병이 낫는 역사를 일으키는 초자연적인 힘을 경험하게 된다. 그러므로 지금 그 능력을 외쳐라.

예수 그리스도의 이름에는 능력이 있다!

당신이 창조주 하나님께 소리칠 때 강력한 끌어당김의 법칙이 작용된다. 또한 이 능력의 법칙은 원하는 것을 창조하게 해주고, 병을 치유하며 그리고 문제를 해결해 주는 가장 강력한 멋진 도구다.

그 비밀은 바로 '**예수 그리스도**' 이름에 있다. 반드시 예수의 이름으로 행해져야 한다.

한 조각의 빵보다, 한 병의 약보다, 한 방의 침보다, 하나의 돌보다, 더 중요한 것은 우리의 목자 되신 주 예수님이시다.(약 2:15-16)

009 나사렛 예수의 이름으로 명하노니, 귀신아! 떠나가라!
나사렛 예수의 이름으로 명하노니, 실패야! 떠나가라!
나사렛 예수의 이름으로 명하노니, 질병아! 떠나가라!
나사렛 예수의 이름으로 명하노니, 문제야! 떠나가라!
나사렛 예수의 이름으로 명하노니, 의심아! 떠나가라!

주님의 이름으로 행하는 창조적인 명령 기도는 기적을 일으킨다. 왜냐하면 영적세계는 창조적인 세계이므로 이에 부합되는 영적 명령기도는 성령님께서 감동을 받으시기 때문이다.

다음의 내용을 큰 소리로 고백하며 시인하여 선포하라!

010 오늘 이 글을 읽는 중에,
내가 도전적이고 긍정적인 사람이 되게 하옵소서.
이 글을 읽는 중에,
놀라운 기적과 신비의 은사가 폭발되게 하옵소서.

이 책을 참고하다가, 나도 모르게 소망적이고
열정적인 기질로 바뀌게 하소서.
나의 삶이 생산적이고 창조적인 삶으로 바뀌게 하옵소서.
빌립보서 4장 13절 말씀이 나의 고백이 되게 하옵소서.
"내게 능력 주시는 자 안에서 내가 모든 것을 할 수 있느니라."
창조의 힘과 치유의 힘을 제어하는 능력의 사람이 되게 하소서.
큰 꿈을 가진 자가 되게 하옵소서.
"네 입을 넓게 열라 내가 채우리라"(시 81:10)
나에게 4차원의 영적세계를 드나들 수 있는 능력이 있게 하소서.
하늘의 권능이 임하게 하옵소서.
성령이 충만한 삶이 되게 하옵소서.

베드로에게 은과 금은 없었으나 그가 가지고 있는 것을 주었다.
베드로는 무엇을 가지고 있었나? 바로 예수 그리스도의 이름이었다.
"은과 금은 내게 없거니와 내게 있는 것으로 네게 주노니 곧 나사렛 예수의 이름으로 일어나 걸어라"(행 3:6)고 말했다.
어느 날 베드로와 요한이 성전에 올라갔다. 그런데 성전 문에는 태어날 때부터 걷지 못하는 사람이 앉아 있었다.
"이 보십시오. 내게는 은과 금은 없으나 내게 있는 것을 드리겠소. 나사렛 예수 그리스도의 이름으로 일어나 걸으시오!"(행 3:6)

사탄을 묶고 결박하여 꾸짖고 쫓아내라!

예수 그리스도의 이름에는 예수 그리스도의 능력이 있으며 치유자 예수님을 주는 것이다. 그럼 당신은 무엇을 갖고 있는가?

사실, 우리는 내 안에 엄청난 능력, 무한한 가능성을 가지고 있다.

그것이 바로 예수 그리스도의 이름의 능력이다.

예수 그리스도의 이름은 능력이다.(행 3:6)

예수 그리스도의 이름은 구원이다.(행 4:12)

예수 그리스도의 이름은 귀신도 떠나간다.(막 16:17)

예수 그리스도의 이름은 병자가 낫는다.

예수 그리스도의 이름은 기도 응답을 받는다.(요 14:13)

예수 그리스도의 이름으로 지혜와 총명이 임한다.

그러므로 우리에게는 가장 귀한 능력의 이름을 가지고 있다.

다윗이 골리앗을 무너뜨릴 때, 그는 다른 무기나 병법을 사용하지 않고 오직 만군의 여호와의 이름으로 나아갔다.(삼상 17:45)

따라서 예수의 이름을, 성령의 이름을 소홀히 하거나 무시해서는 절대로 안 된다.

성경은 "**사람이 마음으로 믿어 의에 이르고 입으로 시인하여 구원에 이르느니라**"(롬 10:10)고 말씀한다. 그러므로 우리는 마음속에 꿈꾸고 믿음의 실상을 입으로 시인해야 한다.

그리고 우리가 믿음으로 담대히 입으로 선포할 때, 하나님의 창조적인

역사가 일어난다. "누구든지 주의 이름을 부르는 자는 구원을 얻으리라" (롬 10:13)

　주의 이름을 부를 때, 주의 임재가 일어나게 된다. 따라서 절망에 빠졌을 때, 낙심했을 때, 화가 났을 때, 외로울 때, 주님을 부르라.

　그의 이름을 더욱 의지하여 강하고 담대하게 선포하라.

　질병 가운데, 문제 가운데, 실패 가운데, 능력의 주님을 부르라. 그러면 주님의 임재가 나타날 것이다. 그것이 승리하는 삶이다.

　또한 악한 영을 대적할 때도 동일하다. 정확한 대적의 악한 영의 이름을 부르는 것이 승리하는 비결이다. 그러면 자신의 정체를 드러난 그들은 놀래서 도망치게 된다는 것이다.

　"마귀야!", "악한 영들아!", "귀신아!", "악하고 더러운 귀신아!"

　이렇게 담대하게 부르는 것은 귀신의 힘을 제한하고 무력화시키는 능력이 있다. 위와 같은 표현은 악한 영들을 낙심케 하고 힘을 빼앗아간다. 또한 귀신은 도둑놈과 같다. 그래서 자신의 이름을 부르면 깜짝 놀라서 도망쳐 버리는 존재이다.

　숨어있는 악한 영들의 이름을 불러서 표출시키고 그것을 나와 분리시켜야 한다. 그 다음에는 악한 영을 쫓아내야 하는 것이다.

　"주님은 이미 승리하셨으며 나와 함께 하신다." 이러한 선포와 기도는 악한 영들을 무기력하게 만든다.

　명심하라! 예수 그리스도의 이름에는 놀라운 능력이 있다.

2장

실전, 사탄(악령, 귀신) 추방기도의 준비와 방법

영적전쟁을 위한
철저한 준비와 훈련으로 무장하라!

"나는 할 수 있다!"라고 반복적으로 말하면,
성공할 수 있는 환경으로 바뀐다.
그러나 "나는 실패한다!"고 생각하면 생각한 대로 실패하는 것이다.
실패하겠다고 생각하는 곳에는 절대로 창조적인 힘이 나오지 않는다.
주님은, 이와 같은 쉬운 능력 선포 공식을 깨우쳐 주셨다.

실전 능력의 대적기도,
사탄과 귀신의 활동을 금지하고 묶고 끊는 기도

눅 10:19
내가 너희에게 뱀과 전갈을 밟으며 원수의 모든 능력을 제어할 권세를 주었으니 너희를 해할 자가 결단코 없으리라.

이 시간 먼저 대적기도를 선포한다.

011 나는 예수 그리스도의 이름으로 명하노니,
이 사람 밖에서 어떤 영들이 이 사람 안에 있는 악한 영들을 도와주는 것을 금지하노라. 악한 영들의 모든 장난을 정지하노라.
악한 영들의 모든 활동을 정지하고 떠날 것을 선포하노라.

영적전쟁의 승리는 철저한 준비와 훈련을 한 자들에게만 오는 것이다. "지피지기이면 백전백승이다."라는 말은 중국의 손자병법에 나오는 말이다. 즉 나를 알고 적을 알면, 백전백승을 한다는 의미이다.
  우선 물이 가득 들어있는 양동이를 상상해 보자.
  양동이 안에는 나쁜 영, 즉 더러운 물로 가득 차 있다. 그 더러운 물속

에 좋은 영, 즉 맑은 물을 조금씩 부어 가는 것이다. 이것을 되풀이하다 보면 양동이 안의 물은 점차 맑은 물로 변해 갈 것이다.

　이제는 [성령]이라는 맑은 물로 지금까지의 [나쁜 영]이란 더러운 물을 조금씩 정화시켜 가는 것이다.

　한시라도 빨리 [나쁜 영]을 고치는 사람이 그만큼 빨리 성공과 행복을 얻을 수 있기 때문이다. 지금 이 자리에서부터 실천해 보기 바란다.

　예수의 이름으로 대적할 때 마귀는 피하는 것이다. 마귀는 우리의 발로 밟아 버려야 한다. 발로 밟아 버린다는 것은 입으로 크게 외치며 시인하여 고백하고 주장함을 말하는 것이다.

　귀신 추방의 영적 명령은 다음과 같이 선포한다.

　마귀는 개를 쫓듯이 쫓아내야 한다. 한 번 따라하라!

012　나사렛 예수 그리스도 이름으로 명하노니, 귀신아! 떠나가라!
더러운 귀신아,
나사렛 예수의 이름으로 명하노니 물러가라!, 나가라!
만약 이것이 사탄으로부터 온 것이라면, 당장 물러갈지어다!
예수님의 보혈로 우리 가정에 뚫린 개구멍을
차단하고 봉쇄하노라!
너 악령아!, 주 예수님의 이름으로 명하노니 물러갈지어다!

나는 중요한 성공 원리를 알고 있다.

많이 배우는 것도 중요하지만 적게 배우고 많이 실습하라는 것이다. 특히 영적전쟁의 사역은 이론이 아니다. 많이 실습과 훈련을 하는 것이 승리하는 지름길이다.

악한 영을 추방하는 가장 간편한 축사의 기본

가장 모범적인 귀신 축출 방법은 사도행전 16장 18절에서 볼 수 있다. "예수의 이름으로 내가 내게 명하노니 나오라", 가장 간편한 축사의 기본 패턴을 구성하여 사용할 줄 알아야 한다. 축사 사역은 예수님이 주신 권세를 가지고 끈질긴 인내심을 가지고, 강압적이고, 권세있게, 그리고 확실한 어조로 악한 영들을 추방해야 한다.

악한 영을 쫓아내는 단순축사

① 나사렛 예수 그리스도의 이름으로 명하노니~

> 나사렛 예수 그리스도의 이름으로 명하노니, 더러운 영아!
> 내가 네가 명하노니 이 하나님의 피조물에서 떠나라!

② 나는 _____에게 명한다… 떠나라.

> 나는 우울의 영에게 명한다.
> 당장 그 사람으로부터 떠날 것을 예수의 이름으로 명령한다.

③ 너 _____의 영아,…

> 다시 한 번 명한다.
> 우두머리 영아, 너의 졸개들을 예수님의 이름으로 묶노라!

악한 영의 조직도(엡 6:12)

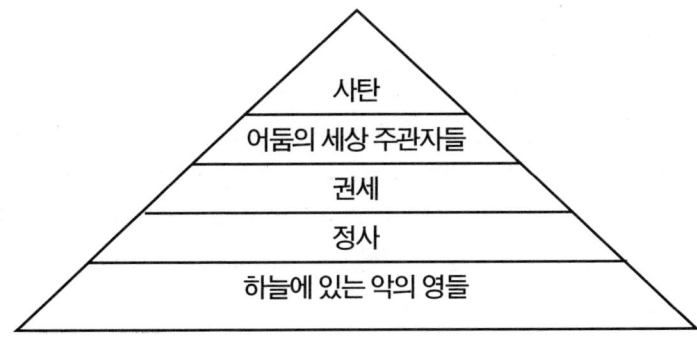

악한 영들의 계보(렘 6:12)

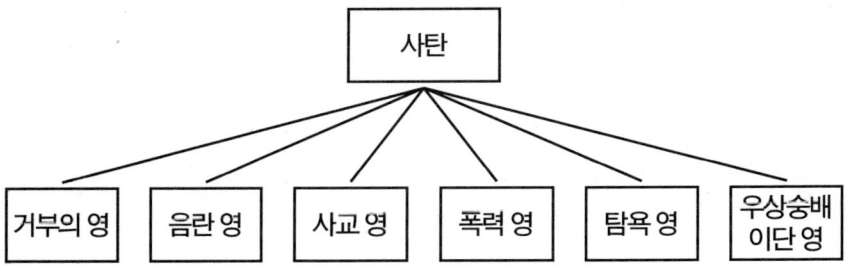

영적전쟁을 위한 철저한 준비와 훈련으로 무장하라!

귀신들림으로 나타나는 현상들

- 두통이나 몸의 다른 부위에 오는 통증
- 머리가 텅 빈 듯한 증상
- 메스꺼운 증상
- 몸이 뻣뻣해지거나 떨리는 현상
- 비정상적으로 졸음이 오는 현상
- 상담자를 때리고 싶은 강한 충동
- 사역현장으로부터 도망가고 싶은 강한 충동
- 몸을 심하게 떠는 것
- 얼굴이나 몸을 뒤트는 것
- 소리를 지르는 것
- 욕설을 퍼붓는 것
- 토하는 것
- 이상한 눈초리
- 다른 목소리를 내는 것
- 구토
- 가래를 뱉음
- 옷을 벗음
- 심한 울음
- 했던 말을 지껄이는 것

악한 영들이 주는 온갖 질병들

죽음, 폭력, 배척, 교만, 반항, 거역, 분노, 분리, 두려움, 호색, 성도착, 마술, 가난, 궁핍, 부채, 파산, 이혼, 이별, 이간질, 불화, 우울증, 비난, 자살, 고독, 방랑, 외로움, 슬픔, 학대, 중독, 우상 숭배, 굿, 기치료, 사술, 사주, 유전병, 암, 불치병, 관절염, 당뇨, 정신이상, 광기, 고혈압, 환청, 환각, 마약, 포르노, 음란, 음색, 저주, 비난, 등

먼저, 영적 대적사역자가 취해야 할 태도

영적 기도사역을 위해 다음의 태도를 취해야 한다.

첫째, 귀신 추방 사역에 앞서 영적 사역자는 온전히 성령과 주님의 보

혈로 강력하게 무장되어야 한다. 그리고 주님의 권세와 주님의 이름을 믿고 신뢰해야 한다. 무엇보다도 악한 영에 사로잡힌 자를 불쌍히 여기는 마음이 있어야 한다.

이는 우선 영적으로 무장되어야 한다는 말이다.(엡 6:11,13)

둘째, 예수 그리스도의 피를 온전히 의지해야 한다.

한 영혼을 위해 흘리신 그 보혈의 능력을 의지하라.

그리고 마지막으로 **셋째, 죄의 고백이 있어야 한다.** 회개해야 할 것이 있으면 온전히 회개해야 한다.

무엇보다도 귀신을 제압하기에 앞서 우리는 다음의 몇 가지를 먼저 취해야 된다.

나에게도 사탄 마귀 그리고 귀신을 이길 수 있는 능력과 권세를 주었음을 알고, 강하고 담대하게 주님의 보혈을 의지해야만 한다.

요한계시록 12장 10-11절 말씀을 신뢰하라.

"내가 또 들으니 하늘에 큰 음성이 있어 이르되 이제 우리 하나님의 구원과 능력과 나라와 또 그의 그리스도의 권세가 나타났으니 우리 형제들을 참소하던 자 곧 우리 하나님 앞에서 밤낮 참소하던 자가 쫓겨났고, 또 우리 형제들이 어린 양의 피와 자기들이 증언하는 말씀으로써 그를 이겼으니 그들은 죽기까지 자기들의 생명을 아끼지 아니하였도다."

① 영적으로 온전히 무장되어야 한다.

② 그리스도의 피를 온전히 의지해야 한다.

③ 회개의 기도가 있어야 한다.

또 여기 우리가 취해야 할 3가지 태도가 있다.

첫째, 전적으로 하나님 편에 서자.

그리고 타협 없는 주님 중심에 서자. 그 무엇과도 타협은 없다. 의심도 없다.

둘째, 말씀을 입으로 증거하자.

그리고 환경을 보지 말고 말씀을 믿자. 믿음대로 입을 크게 열고 우렁차게 외치라.

셋째, 가장 강력한 능력인 십자가의 보혈을 의지하자.

보혈을 뿌려라, 보혈만큼 강력한 능력은 없다.

예수의 피, 즉 보혈은 죄와 사망에서 우리를 붙잡아 놓을 조건이 없다. 그래서 **"나의 죄를 씻기는 예수의 피 밖에 없다."** 그러므로 우리의 몸과 영과 육과 생활, 그리고 사물과 장소, 환경이 다 잘 될 것이다.

013
주 예수 그리스도께서 내게 주신 권세로써 명하노니,
사탄 마귀는 지금 이곳에서 떠나라.
내가 예수 그리스도의 능력을 힘입어 예수의 피를 뿌리노라!

부서뜨리고 무너뜨리고 뚫고 나아가는 돌파력

미가 2:13
길을 여는 자가 그들 앞에 올라가고 그들은 길을 열어 성문에 이르러서는 그리로 나갈 것이며 그들의 왕이 앞서 가며 여호와께서는 선두로 가시리라

"뚫고 나가는 것" 돌파력을 말하는 것이다.

이는 전쟁에서 방어선을 관통하고 넘어가는 공격적인 돌격을 의미하는 말이다.

우리는 지금 믿음의 방패를 들어야 한다!

지금은 주께서 길을 뚫으실 때이며, 교회가 일어날 때이고, 대적의 계획들이 산산 조각날 때이다! 그러므로 예수의 피로 가족과 나를 보호하는 명령을 매일 선포해야 한다.

요한계시록 1장 5절의 말씀을 외치라.

"우리를 사랑하사 그의 피로 우리 죄에서 우리를 해방하시고", 죄를 묶고 푸는 능력은 궁극적으로는 예수의 피로부터 온다.

그 대적기도 명령은 아래와 같다. 단호하게 마귀를 대적하기를 바란다.

014 나를 공격하기 위해 기회를 호시탐탐 노리는 사탄 마귀야!,
나사렛 예수 그리스도의 이름으로 명하노니,
내 삶과 가정과 문서작업 활동에서 멀리 물러가라!,
나는 예수의 보혈의 피로 덮어 보호되어 있으며,
하나님의 자녀로서 너를 승리할 수 있는 예수의 피에 속해 있는 그리스도인이다.

나는 너를 꾸짖는다. 예수의 이름으로 너를 결박한다.
사탄아, 나는 너를 꾸짖는다.
너는 나의 결혼, 나의 아이들, 나의 친구, 나의 지도자를 갖지 못할 것이다. 나는 너를 대적하기 위해 서 있고 예수의 이름으로 너를 결박한다.

지금, 일어나서 실전 사역으로 구석구석, 배에 힘을 주고 영적 문제와 사탄을 향하여 강하고 담대하게 악한 영을 물리쳐라!
이 시간은 나에게 직접 명령해 보는 것이다. 이렇게 따라해 보라.
"만약 이것이 악한 영의 장난이라면, 당장 멈출지어다!"
"주의 보혈로 선포하노니, 지금 그곳에서 떠날지어다!"
"내 안에 악한 기운은 나갈지어다!"

나는 어느 날 "그래, 이것이다!" 하고 순간 마음속으로 부르짖었다.

그것은 다음과 같은 것이다. 빌립보서 4장 13절 **"내게 능력 주시는 자 안에서 내가 모든 것을 할 수 있느니라."**, 즉 **"난 할 수 있다!"**는 믿음의 고백이었다. 확신이었다.

그리고 창세기 1장 2절 **"혼돈되고 공허한 세계"**, 하나님은 공허하고 혼돈 된 세계를 품으시고 말씀으로 창조를 선포하신 것이다.

참으로 값진 깨달음을 주셨다. 그것은 쉬운 **"능력 선포 공식"**이다.

"할 수 있다!" 생각하면 할 수 있는 방법이 나온다는 것이다. 그러나 "할 수 없다!"고 생각하면 할 수 없는 방법으로 끌려간다. 즉 영적인 사람이 "할 수 있다"고 말하면 할 수 있는 영감과 능력이 나온다.

하나님은 살아 계십니다.

하나님은 지금도 기적과 창조로 일하고 계십니다.

하나님은 성공자이다.

하나님은 부자이다.

하나님은 빛이시다.

하나님은 건강한 분이다.

하나님은 살아계신 분이다.

내 병은 고침 받았다.

나는 다 나았다.

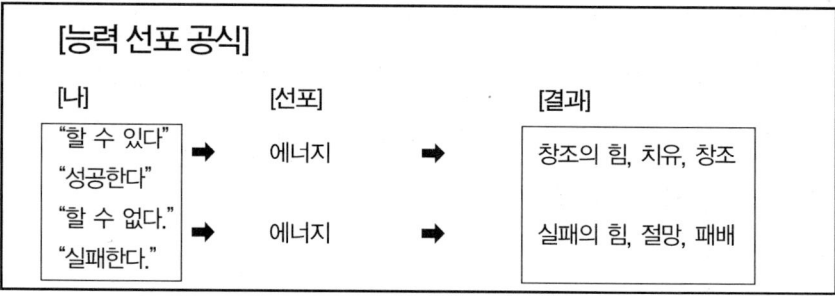

우리에겐 이미 예수 그리스도께서 갖고 계신 권세와 능력을 주셨다. 다시 말해서, 믿는 모두에게 귀신을 제어하고 다스리는 권세를 갖고 있다.(마 28:18) 그러므로 그리스도인이 영적 대적기도 명령을 할 때 귀신들은 떠날 수 밖에 없다.

마 28:18
예수께서 나아와 말씀하여 이르시되 하늘과 땅의 모든 권세를 내게 주셨으니

눅 10:19
내가 너희에게 뱀과 전갈을 밟으며 원수의 모든 능력을 제어할 권능을 주었으니 너희를 해칠 자가 결코 없으리라

지금도 예수님의 권능이 그리스도인에게 위임되었다. 그러므로 우리는 예수께서 위임하신 권세를 정당하게 지닌 자들이다.(눅 10:18) 귀신의 세력을 쫓아내고 그들을 제압하는 일반적인 사역의 유형은 사도행전 16장 18절, 사도바울이 행한 축귀 문구를 따라 행하는 것이 일반적이다.

행 16:18
돌이켜 그 귀신에게 이르되 예수 그리스도의 이름으로 내가 네게 명하노니 그에게서 나오라 하니 귀신이 즉시 나오니라

믿는 자들은 수시로 스스로 자기 자신에게 행하는 대적기도 사역의 방법을 해야 한다. 스스로 치유기도를 드려야 한다. 이는 그리스도인들도 귀신들릴 수 있고, 사탄의 궤계에 걸려 넘어질 수 있다는 전제에서 이루어지는 것이다. 누구든 예외는 없다. 영적 전신갑주로 무장하지 않는 한 말이다.

"예수 그리스도의 이름으로 너(탐욕, 분노, 정욕, 등등)의 악한 영에게 명하노니, 나에게서 떨어져 물러갈지어다!"

악령을 추방하는 방법을 보면, 성령의 능력이 악령의 세력을 물리칠 수 있다. 그 악령들에 대항하여 싸울 수 있는 수단으로는 반드시 두 가지 원리가 적용되어야 한다.

[1] 대적명령으로 행해야 한다. "물러가라!"

사탄이나 사악한 영들에게 물러갈 것을 직접 명령하는 것이다. 강하고 담대하게 그리고 크게 명령해야 한다.

주를 의지하여 담대히 큰 소리로 부르짖을 때, 성령의 강력한 임재와 능력이 일어나는 것이다. 믿음대로 영적능력이 나타난다.

- 사탄아, 물러가라! (마 4:10)

예수님이 이 땅에 오시어 영적 사탄을 쫓는 최초의 사역의 말씀이다.

"이에 예수께서 말씀하시되 사탄아 물러가라 기록되었으되 주 너의 하나님께 경배하고 다만 그를 섬기라 하였느니라"

- 더러운 귀신에게 (막 9:25)

예수님이 귀신들린 아이를 고치실 때, 더러운 귀신을 쫓아내시는 사역을 하였다.

"그 더러운 귀신을 꾸짖어 이르시되 말 못하고 못 듣는 귀신아 내가 네게 명하노니, 그 아이에게서 나오고 다시 들어가지 말라"

- 군대 귀신에게 (막 5:8)

군대 귀신을 쫓아내는 사역을 하였다.

"이는 예수께서 이미 그에게 이르시기를 더러운 귀신아 그 사람에게서 나오라 하셨음이라"

[2] 예수의 이름으로(막 16:17)

예수의 이름으로 귀신들을 쫓아내는 것이다.

"믿는 자들에게는 이런 표적이 따르리니 곧 그들이 내 이름으로 귀신을 쫓아내며 새 방언을 말하며"

- 점치는 귀신에게(행 16:18)

바울이 "예수 그리스도의 이름으로" 점치는 여인에게서 점치는 귀신을 추방한 일을 볼 수 있다.

"이같이 여러 날을 하는지라 바울이 심히 괴로워하여 돌이켜 그 귀신에게 이르되 예수 그리스도의 이름으로 내가 네게 명하노니 그에게서 나오라하니 귀신이 즉시 나오니라"

대적기도, 사탄 귀신 추방 사역의 준비 단계

점, 점성술, 무당, 역술인, 흑마술, 백마술, 사탄 숭배, 초혼, 영매와의 교제, 점신, 고사, 굿, 뉴에이지, 샤머니즘, 텔레파시, 최면요법, 잘못된 명상 등등. 이것이 영적 사역의 대상이며 사탄 마귀의 지배를 받고 있는 것들이다.

참고로 백마술이란 병을 낫게 하거나 좋은 일이 생기게 하기 위해 사용되는 마술이다. 그리고 흑마술은 나쁜 목적을 이루기 위해 사탄의 힘을 사용하는 마술이다.

먼저 이 악한 영들의 활동을 금지하고 묶는 기도를 해야 한다.

이 기도는 악한 영들의 정체 노출, 취조, 체포, 추방에 효력이 있다. 그 기도들을 열거하면 아래와 같다.

 예수의 이름으로, 악한 영들이 숨는 것을 금지하노라.

(거짓말 하는 것, 위협하는 것, 과격한 행동을 하는 것, 더러운 짓을 하는 것, 토하는 것, 도망치는 것, 심한 욕을 하는 것, 축사 사역을 방해하는 것)

이 더러운 영아, 내가 예수 그리스도의 이름으로 너를 대적한다.
네 정체를 밝히고 전면 중앙으로 나올지어다.
예수 그리스도의 이름으로 우두머리 밑에 있는 ○○영을 묶고 쫓아내노라.

예수의 이름으로 그리고 큰 소리로 귀신들의 축출을 명령해야 한다.(막 16:17) 대적기도 사역을 하기 전에 예수님의 보혈 찬송을 힘차게 불러야 한다. 그리고 예수의 이름으로 공격을 개시한다.

"예수의 이름으로 명하노니, 주님의 자녀에서 나오라!"

때로는 귀신이 잘 쫓겨 가지 않는 경우가 있다. 이런 경우는 사역자의 체험이나 기름부음의 정도에 따라서 차이가 있을 수 있다. 그러나 대부분의 경우는 당사자에게 문제가 있기 때문이다.

대적기도 사역이 실패하는 경우

대적기도를 해도 사역이 먹히지 않을 경우가 있다. 실패하는 사례가 있는데, 문제는 내 문제이다. 그 실패의 이유들을 보면 아래와 같다.

---

① 충분한 회개기도의 부족

② 귀신을 쫓아내야겠다는 절박한 마음이 없다.

③ 동기가 불순하다.(세상적인 즐거움을 위하여)

④ 이기적인 욕망

⑤ 영적 사슬에서 벗어나지 못하기 때문이다.(점, 부적, 봉헌)

⑥ 육적인 관계를 벗어나지 못함

결국 대적기도 사역의 준비 부족의 결과이다.

축사 사역은 반드시 기도로 준비되어야 한다. 그리고 가능한 한 팀으로 나누어 사역하는 것이 가장 좋다. 또한 사역을 시작할 때, 사역하는 장소와 시간, 함께 사역하는 사람들을 사탄이 주장하지 못하도록 그 위에 권세를 행사해야 한다.

그러므로 아래의 대적기도 사역의 준비 7단계를 철저히 숙지하여 영적으로 단련시키고 그 순서를 통해 승리하기를 바란다.

더불어 악한 영을 추방하는 사역으로는 다음과 같은 영적 절차와 협력 기도, 중보기도로 준비해야 한다.

주의사항으로는 반드시 예수님의 이름으로 악한 영을 결박해야 한다. 그리고 사역 대상자의 눈에 시선을 맞춘다. 사역에 따른 현상들을 숙지한다.(기침, 헛구역질, 구토, 소리, 쓰러짐) 그리고 함부로 안수하여 사역하지 않는다.

(1) 회개의 기도를 드려야 한다

내담자는 먼저 사역에 앞서 자신의 삶을 정리 정돈하고 회개를 하고 온전히 주님을 의지하여야 한다. 회개의 기도를 통해서 모든 죄로부터 분리되어야 한다. 끊는 절차가 이루어져야 한다.

그래서 회개기도를 통해 악한 영들의 세력을 약화시킨다.

(2) 성령님의 임재를 위한 기도를 드려야 한다

사역자는 모두 다 성령께 온전히 의지하고 성령님의 임재를 위해 기도해야 한다. 성령께서 강력한 권세와 능력을 주시고 분별력과 통찰력을 주시기를 기도해야 한다. 모든 대적기도의 힘과 능력은 다 성령의 역사로 이루어지는 것이다.

성령충만을 위해 기도하라. 항상 성령님께서 사역을 주장하고 인도하도록 초청하는 기도를 해야 한다. 악한 영들을 제압할 수 있는 권세와 능력을 요청한다.

(3) 중보기도의 협력이 있어야 한다

혼자보다는 여러 명이 협력하여 중보기도하거나 중보사역을 하면 능력이 갑절이 된다. 반드시 대적기도 사역은 혼자서 하기보다는 함께 사역하는 것이 좋다. 그래서 내담자의 이상한 행동을 금지해야 한다. 악한 영을 취조하라. 그리고 떠난 악한 영이 다시 돌아오는 것을 금하라.

(4) 자신과 가족을 보호하는 기도를 드려야 한다

반드시 귀신들이 복수할 수 없도록 우리 자신들과 가족들 그리고 재산 등 우리에게 속한 것들을 보호하는 기도를 해야 한다. 사탄의 복수로부터 관련된 그 어떤 것들의 보호를 선포하는 기도를 해야 한다.

(5) 천사의 보호와 도움을 요청하는 기도를 드려야 한다

다른 외부의 귀신들을 데리고 오지 못하도록, 도움을 받지 못하도록 예수 그리스도의 이름으로 금하는 기도를 드려야 한다. 그리고 천사의 보호와 급히 영적 도움을 요청하는 기도를 올려드리는 것이 필요하다.

"예수 그리스도의 이름으로 명하노니, 외부의 귀신들은 지금부터 예수의 이름으로 단절시키노라."

(6) 하나님의 말씀에 기초해서 기도해야 한다

말씀의 능력이 임할 때, 온전히 말씀을 의지할 때 역사가 일어나는 것이며 강한 능력이 나타난다. 하나님의 말씀에 기초하라.

(7) 반드시 예수 그리스도의 이름으로 행해야 한다

예수님의 이름의 권세를 사용하라. 모든 능력은 나사렛 예수 그리스도의 이름으로 행해야 한다. 그래야 귀신의 정체를 드러낸다. 그리고 최종 마지막은 내담자를 축복한다.

016 예수 그리스도의 이름으로 명하노니, 정체를 드러낼지어다.
예수 그리스도의 보혈로 명령하노니,
하나님의 자녀로부터 떨어져라.
주님의 능력으로 모든 상처는 치유될지어다.
내가 너 악한 영에게 명령한다.
예수 그리스도의 이름으로 묶고 결박하고 꾸짖노니,
고통을 주는 것을 멈출지어다.

다시 한 번 대적기도 사역시 일반적인 주의사항으로는 다음의 4가지가 있다. 반드시 점검한 후 사역에 임해야 한다.

① 사역자는 자신을 돌아보아 깨끗하지 못한 부분을 회개로 깨끗케 하여야 한다.
② 자신과 자신의 가족을 방어하는 기도가 필요하다.
③ 대적 사역을 할 때, 이성과 홀로 사역하는 것은 금하여야 한다.
④ 사역을 마친 다음에 다시 본인과 가족을 위해 기도해야 한다.

사역자 보호를 위한 능력 기도

 능력의 아버지,

축사사역을 할 수 있는 기회를 주신 하나님께 감사드립니다.
지금 나의 가족과 성도님들 그리고 사역에 함께 중보하는 사람들과 재산들을 보호해 주심을 감사드립니다.
이 시간 다시 한 번 하나님의 특별한 보호를 요청합니다.
천군 천사를 보내셔서 그들을 모든 사고와 질병과 위험과 죄의 유혹과 사탄의 공격으로부터 보호하여 주시옵소서.
만왕의 왕되시고 만주의 주되신 예수 그리스도의 이름으로 기도합니다. 아멘.

실전 능력의 대적기도 수칙과 순서,
사탄과 악한 영 쫓아내는 대적기도 적용하기

"사탄아, 물러가라!"

성령님이 우리와 함께하시면 우리에게는 질병과 귀신을 쫓아낼 권세와 능력을 주신다. 그러기 위해서는 믿음이 필요하다. 여기 가르침대로 예수님이 하셨던 것처럼 담대히 귀신을 꾸짖고, 쫓아내고, 명령하라. 다만 내 입술로 담대하게 선포해야 된다는 것을 잊지 말라.

▶ 암 병을 치유하는 기도

우리 그리스도인은 자신이나 혹은 다른 사람의 병의 치유를 위한 기도를 하기 위해서 "예수 그리스도의 이름"을 사용하는 기도 방법을 사용해야 한다. 이미 그리스도께서는 우리 인간의 여러 가지 영역, 유적 질병의 치유를 위해 십자가에서 우리를 대신하여 모든 질고를 짊어 주셨기 때문이다.(사 53:4-5, 마 8:17, 벧전 2:24)

질병을 치유하기 위해서는 먼저 자신이나 혹은 다른 사람의 질병에 대한 몇 가지를 파악해야 한다. 그래야 치유의 효과가 극대화 될 수 있다.

① 병명을 정확히 알아야 한다.
② 그 병의 근원을 확인한다.
③ 그리고 믿음으로 예수 그리스도의 이름을 사용함으로 기도하라.
④ 기도방법은 아래와 같다.

018 내가 예수 그리스도의 이름으로 명령하노니,
암 혹은 암을 잡고 있는 악한 영은
그에게서 당장 떠나갈지어다.
내가 예수 그리스도의 이름으로 명령하노니,
그의 암세포는 예수의 피와 성령의 치료하는 광선과 불로
완전히 파괴될지어다.
내가 예수 그리스도의 이름으로 명령하노니,
항체는 그의 피 안에 왕성하게 생성되어
그의 피와 몸속에 있는 암 세포를 완전히 죽일지어다.

내가 예수 그리스도의 이름으로 명령하노니,
그의 몸, 피, 근육, 세포, 오장육부, 뼈와 골수에 이르기까지
예수의 피와 성령의 치료하는 광선과
불의 능력이 강력히 역사하여
모든 암세포를 완전히 소멸할지어다.

019 ▶질병을 치유하는 기도

여기 명령기도를 믿고 순종하여 기도함으로써 완전히 치유되는 경험의 주인공이 될 것이다. 적극적으로 예수 그리스도의 이름을 의지하여 적용해 보라.

요통

내가 예수 그리스도의 이름으로 꾸짖고 명령하노니,
(요통)은 (내)게서 속히 떠나갈지어다.

두통

(두통 혹은 두통을 가져다주는 악한 영)아,
내가 예수 그리스도의 이름으로 너를 꾸짖고 명령하노니,
(내)게서 속히 떠나갈지어다.

소화기능

내가 예수 그리스도의 이름으로 꾸짖고 명령하노니,
(나)의 (소화기 기능)은 정상으로 회복될지어다.

출혈

　내가 예수 그리스도의 이름으로 명령하노니,
　(피)는 즉시 멈출지어다.

기미, 여드름

　내가 예수 그리스도의 이름으로 기도하고 명령하노니,
　(기미, 여드름)은 (내) 얼굴에서 사라질지어다.

생리통

　내가 예수 그리스도의 이름으로 꾸짖고 명령하노니,
　(나의) 생리 중에 생기는 모든 고통과 증세는 (내)게서 즉시 떠나갈지어다.

임신부의 심한 입덧

　내가 예수 그리스도의 이름으로 명령하노니,
　입덧은 (내)게서 완전히 사라질지어다.
　(내) 몸의 모든 기능은 정상으로 회복될지어다.
　(기타 모든 증세)도 (내)게서 깨끗이 사라질지어다.

020〈공식 예문〉

내가 예수 그리스도의 이름으로 명하노니,
예수님께서 친히 (　　)의 질병을 짊어지고
십자가에 못 박히셨으므로
(　　)이 지금 나음을 입었음을 선포하노라.
(　　)을 아프게 하는 (구체적인 질병명)이
(　　)의 몸에서 사라질지어다!.

021 마음의 병

내가 예수 그리스도의 이름으로 명하노니,
(　　)을 묶고 있는 (마음의 병명)는 영원히 떠날 갈지어다!

말씀의 적용 : 고후 5:17, 렘 29:11, 시 42:5, 벧전 5:7-8, 고후 10:4-5, 빌 4:6-7,
　　　　　　롬 8:1, 고후 4:7-11, 요 8:32

내가 예수 그리스도의 이름으로 명하노니,
(　　)를 사로잡고 있는 모든 (불안, 근심, 걱정, 염려, 두려움, 수치심, 거절감, 열등감, 우울증, 스트레스)아, (　　)의 영,혼,육으로부터 영원히 떠나갈지어다.
(　　)가 더 이상 너희에게 묶여 있지 않음을 예수 그리스도의 이름으로 선포하노라.

강력한 사탄 귀신 추방사역 필수공식 7가지

사탄 귀신을 추방하기 위한 필수적인 공식을 사용해야 효력이 일어난다. 그리고 다양한 추방기도 사역 문구를 활용할 수 있어야 능력이 있게 된다. 그래서 사도바울은 사도행전 16장 18절에서 귀신을 쫓아낼 때, 자신의 임의대로 귀신 추방 사역 문구를 사용하지 아니하고, 주님이 가르쳐주신 "예수의 이름으로 내가 내게 명하노니 나오라"고 사용했다.

(1) 귀신을 꾸짖는다.(눅 9:42)
(2) 귀신의 이름을 부른다.
(3) 떠나가라고 명령한다.(눅 8:29)
(4) 다시 들어오는 것을 금지한다.

필히 다음의 사탄 악령 귀신을 추방하는 공식을 숙지하여 사용하기를 바란다. 기본공식 7가지이다.

예수 그리스도의 이름으로……

내가 명하노니……

……의 영에게, ~ 아……

……물러갈지어다.

공식 1 – 귀신 추방 기도 필수 문구

 예수 그리스도의 이름으로 내가 네가 명하노니,
음욕의 귀신아, 이 사람에게서 떠나가라!
예수 그리스도의 피로 명령하노니,
하나님의 자녀로부터 떼어져라
그리고 주님이 상처를 치유해 주실 것이다.
내가 너 악한 영에게 명령한다.
예수 그리스도의 이름으로 묶노니
그녀에게 고통을 주지 말지어다.
예수님의 이름으로 너(탐욕, 분노 등등)의 영에게 명하노니,
나에게서 물러갈지어다!

상대의 눈을 똑바로 쳐다보고,
"나는 주 예수 그리스도의 이름으로 왔다.
하나님의 성령을 대적하는 모든 악한 영들은 떠나라!"라고 명한다.
일반적으로 효과가 즉시 일어난다.
    너는 나를 이길 능력이 없다.
    나는 예수님의 이름으로 왔다.
    너는 그분의 이름 앞에 굴복해야 한다.

악한 영아, 나와라!
혹 치유하시는 하나님을, 전능하신 하나님을,
살아계신 하나님을, 의심하는 의심의 영이 내 안에 있다면,
지금 나사렛 예수 그리스도의 이름으로 의심의 영에게 명하노니,
즉시 내 안에서 떠날 찌어다. 그리고 봉쇄하노라

공식 2 – 명령형 동사

악한 영들을 추방하기 위해서는 다양한 영적 명령형 어휘를 사용할 줄 알아야 한다. 명령형 동사를 상황에 가장 알맞은 것을 선포할 때에 효력은 더욱 배가가 된다. 적절히 문장을 만들어 완성된 명령형 동사를 사용해 보시기 바란다. 크게 선포하시고 외치라.

다음의 영적 추방 사역 어휘는 사용하는 순간 역사가 일어난다.

- 꾸짖다.(마 17:18)
- 가다.(마 8:31-32)
- 떠나갈지어다.
- 파괴하노라.
- 중지하노라.
- 차단한다.
- 봉쇄한다.
- 명령하노라.
- 떠나다.(눅 11:24)
- 쫓아내다.(마 10:1)
- 파쇄하노라.
- 취소하노라.
- 무효화하노라.
- 주장한다.
- 예수의 피로 덮는다.
- 꾸짖노라.

- 녹아지라.
- 물러갈지어다.
- 말라비뜰어질지어다.
- 용서하노라.
- 일어나 걸을지어다.
- 효력을 정지하노라.
- 형통할 것이다.
- 평강할 지어다.
- 소성하게 될 지어다.
- 영생을 줄지어다.
- 변제될지어다.
- 순종할지어다.
- 들을지어다.
- 당장 꺼져.
- 결박하다.
- 항복시킨다.
- 상하게 하다.
- 승리하다.
- 대적하다.
- 고치다.

- 가라.
- 소멸될지어다.
- 죽을지어다.
- 회복될지어다.
- 나을지어다.
- 위로하신다.
- 건짐을 받았노라.
- 협력할지어다.
- 속량할지어다.
- 선포하노라.
- 사라질지어다.
- 팔릴지어다.
- 갚을지어다.
- 해방될지어다.
- 제어하다.
- 떨어뜨린다.
- 무장 해제하다.
- 고치다.
- 씨름하다.
- 멸하다.

- 감옥에 가두다.
- 형통하다.
- 건강하다.
- 버리다.
- 행복하다.
- 축복하다.

예)

023 예수 그리스도의 이름으로 홍길동을 묶고 있는 우울증의 영은
지금 당장 떠날지어다!
예수님의 이름으로, 나는 내가 자신에게,
내 몸에 나의 어떤 한 부분에 말하여 붙여 있는
모든 저주를 파괴하노라.

 - 사탄의 활동영역 묶기

사탄의 법적권리인 활동영역을 묶고 결박하여 꾸짖어 쫓아낸다. 그 공식을 아래와 같다.

024 예수 그리스도의 이름으로 명하노니,
내가, (사탄의 활동영역)
사탄의 활동영역 :(모든 맹세, 헌신, 저주, 죄, 참상, 질병, 고통,
실패, 상처, 파괴, 전쟁 등)
지금 파괴하노라. 묶고 결박하노라.

| 공식 4 | **- 악한 영의 이름을 부른다**

사탄이 언제 정체를 드러나느냐면, 바로 자신의 이름을 정확하게 지적하여 불러낼 때이다.

025 (악한 영의 이름) 아!
예수 그리스도의 이름으로 명하노니,
내가 (악한 영의 이름)를 결박한다!

예) 혈기와 분노의 영아!
내가, 예수 그리스도의 이름으로 명하노니
너희를 묶고 결박한다.

| 공식 5 | **- 육신의 질병 사역하기**

육신의 질병을 대적하고 치유기도 할 때는 구제적인 질병의 명칭을 밝히는 것이 중요하다.

026 내가 예수 그리스도의 이름으로 명하노니,
(내담자의 이름)을 괴롭히고 고통스럽게 하는
(구체적인 질병의 명칭)은

(내담자의 이름)의 몸에서 떨어질지어다.
떠나갈지어다. 사라질지어다.

예) 내가 예수 그리스도의 이름으로 선포하노라.
예수님께서 친히 (홍길동)의 질병을 짊어지고,
십자가에 못 박히셨으므로
(홍길동)이 지금 나음을 입었음을 선포하노라.
(홍길동)을 아프게 하는 (구체적인 질병명)이 홍길동의 몸에서 사라질지어다!

| 공식 6 | - 말씀을 적용하여 사역하기

말씀을 적용하여 사용하는 것이 최고의 능력이며 대적기도이다.

 성경 __ 장 __ 절의 말씀에 의거하여
나는 (환자의 이름을 부르며)가,
지금 나음을 입었음을 선포하노라.
아픈 곳에 우리 주 그리스도의 보혈을 덮고 치유되고 온전히 깨끗하게 되었음을 예수 그리스도의 이름으로 선포하노라.

말씀의 적용

> 사 53:4, 마 8:17, 벧전 2:24, 막 16:17-18, 약 5:1, 고후 5:17, 렘 29:11,
> 시 42:5, 벧전 5:7-8, 고후 10:4-5, 빌 4:6-7, 롬 8:1, 고후 4:7-11, 요 8:32

공식 7 - 마음의 병 사역하기

내적치유 사역에서도 중요한 것은 내담자의 구체적인 병명을 밝히는 것이다.

028 내가 예수 그리스도의 이름으로 명하노니,
(홍길동)을 묶고 있는, (홍길동)을 괴롭히고 고통스럽게 하는,
(마음의 병명)는 홍길동의 마음에서
영원히 떠나갈지어다!

예) 내가 예수 그리스도의 이름으로 명하노니,
(홍길동)을 사로잡고 있는 모든 (불안, 근심, 걱정, 염려, 두려움,
수치심, 거절감, 열등감, 우울증, 스트레스, 쓴 뿌리, 깊은 상처)야!
(홍길동)의 영혼에서 영원히 떠나갈지어다.
(홍길동)은 더 이상 너희에게 묶여 있지 않음을 예수 그리스도의 이름으로 선포하노라.

이 실제적인 이기는 대적기도는 당신의 문제를 해결해주는 능력이 될 것이다. 다음 장에 구체적인 능력 대적기도들이 실려 있으며 이 기도를 실천하여 몸과 영혼에 치유와 변화를 주게 될 것이다.

영적 사역자의 기본 방어수칙 7가지

공격을 하기 앞서, 때론 방어적인 영적 훈련도 필요하다. 전쟁에는 항상 공격만 있는 것이나 방어가 더 중요할 때가 있기 때문이다. 반드시 영적군사가 갖추어야 할 기본적인 방어수칙 7가지가 있다.

영적 사역자는 이 7가지 방어수칙을 익히고 난 다음에 대적기도 사역을 해야 될 것이다.

(1) 항상 경계하라
우리는 사탄의 활동을 항상 주시해야 한다.

늘 기도로 무장하고 많이 기도하고, 하나님의 보호를 정기적으로 주장하고, 사탄의 왕국을 침략하는 당신의 권세를 사용하라.

(2) 기도로 대응하라
기도로 무장하라.

당황하지 말고 위험하거나 위험이 예상되는 상황에는 즉시 성령님을 초청하라. 방언의 은사가 있다면 방언으로 기도하라. 예수의 보혈로 기도하고 뿌려라.

(3) 두려워하지 마라

아무것도 당신을 하나님의 사랑에서, 그 분과의 특권에서 분리시킬 수 없음을 명심하라.

하나님의 약속을 확신하라. 하나님의 약속을 기억하고 약속 위에 견고하게 서서 항상 상황에 대처하라.

(4) 하나님께 순복하라

전쟁을 위한 능력은 하나님 아버지께 대한 경외와 복종에서 나온다. 하나님께 순응할 때, 역사가 일어난다. 그것이 이기는 법이다.

(5) 사탄을 확신있고 담대하게 꾸짖으라

능력이 무한하신 하나님이 우리 편이고 사탄의 주요 무기는 능력이 아니고 허풍임을 명심하라. 사탄의 허풍을 폭로하고 하나님의 사랑과 능력을 해당 상황에 적용시키라. 그리고 사탄을 담대하게 꾸짖으라.

(6) 성경 말씀을 큰 소리로 읽으라

말씀은 능력이므로 외워서 선포하라. 사전에 능력의 말씀을 준비해서 계속하여 읽고 선포하라. 성경 말씀의 능력을 인용 선포하는 능력을 사용하라.

(7) 예배하고 찬양하라

경배찬양의 음악을 사용하라.
사탄은 예수님이 찬양받는 것을 매우 싫어한다. 지속적으로 찬양하라.
예배와 찬양은 능력이다.

악한 영들을 대적사역하기 위한 준비과정 4단계

악한 영들을 대적하려면 내가 먼저 영적 프로가 되어야 한다. 대적사역 준비 과정을 4단계로 나누어 사역하면 좀 더 사역이 효과적으로 이루어지게 된다. 반드시 대적 명령기도에 적용하라.
당신의 사역에 놀라운 효과가 임할 것이다.

1단계 : 먼저 조용히 눕거나 눈을 감고 편안한 자세로 앉는다.
온몸의 긴장을 부드럽게 풀어준다.

소음이나 전화벨 소리가 들리지 않도록 해야 한다.

2단계 : 주위는 밝고 환하게 하는 것이 좋다.
조용히 주님께 기도를 드린다.
주님의 임재가 느껴질 때까지 기도한다.

3단계 : 조용히 주님의 사랑과 임재하심이 온 전신에 임하시록 초청하고 기다린다.

029 주님! 지금 이 시간에 저에게 임하여 주십시오.
주님! 지금 이 시간에 주님의 이름으로 내 안에 있는 악한 영들을 드러내고 쫓아낼 것입니다.
주님께서 저에게 권세와 능력을 주신 것을 믿습니다.

4단계 : 대적기도를 한다.
기도와 명령은 마음속으로 해도 상관이 없다.

내 안에 숨어있는 악한 영들아, 내가 예수의 이름으로 명한다.
너는 내게서 떠나가라. 나갈지어다!

자가 축사기도 순서 8단계

항상 자신의 영적 능력과 자신을 강화시키는 자가 축사 사역을 하는 것이 좋다. 그러기 위해서는 스스로 하는 축사 사역 순서를 익혀 두어야 한다. 축사순서는 총 8단계로 구성되어 있다.

그 순서는 아래와 같다.

(1) 권세주장과 찬양

예수 이름의 권세와 능력을 주장한다. 그리고 찬양한다.

십자가에서 죽으시고 부활하신 예수님의 능력과 그의 이름으로 오늘도 권세와 능력으로 채우신 것을 감사한다.

(2) 순복기도

하나님 앞에서 마음의 죄, 입술의 죄, 행위의 죄를 회개하며, 사탄이 준 어떤 유익과 권리와 기쁨과 쾌락을 예수의 보혈의 능력으로 포기한다.

(3) 계약 취소기도

사탄과 맺은 모든 계약을 예수 그리스도의 이름으로 취소한다.

나와 사탄과 맺은 모든 관계를 예수 그리스도의 권세로 깨뜨리노라.

사탄과 나와 관계된 모든 계약을 무효시킬 것을 예수의 이름으로 선포하노라.

어두움의 사건과 사람들과의 관계를 예수의 이름으로 끊노라.

명령하노니, 사탄과 그 부하들은 지금 당장 떠날지어다.

(4) 정체를 지적하는 명령

나의 마음을 공격하는 사탄과 귀신은 지금 당장 정체를 밝힐지어다.

죄책감, 수치심, 망상, 두려움, 정욕, 충격, 좌절, 무기력, 게으름의 영 등은 지금 당장 예수의 이름으로 명하노니 나오라.

너를 예수의 이름으로 대적한다.

(5) 결박 명령(묶는 기도)

000를 주관하는 영을 예수의 이름으로 결박한다.

000영을 성령의 밧줄로 꽁꽁 묶노라.

내가 너를 묶고 결박하여 꾸짖는다.

(6) 분리 명령기도

지금 000에게 붙어 있는 000의 영은 분리될지어다.

이 장소에 붙어 있는, 또는 거하는 모든 OOO의 영은 분리될지어다.
지금 분리되어라.

(7) 보내는 명령
OOO의 영은 지금 지옥, 무저갱으로 떠날지어다.
지금 이 지역에서, 또는 이 장소에서 추방하노라.

(8) 빈 곳에 능력으로 채워놓아라.
사탄이 빠져 나간 빈 곳을 성령의 능력으로 채운다.
저주를 축복으로 바꾼다.
미움을 사랑으로 바꾼다.
분노를 용서로 바꾼다.
좌절을 기쁨으로 바꾼다.
절망을 소망으로 바꾼다.
질병을 건강으로 바꾼다.
가난을 부요로 바꾼다.
공포를 자신감으로 바꾼다.
원망과 불평을 감사와 찬양으로 바꾼다.
옛사람을 새사람으로 바꾼다.

사탄의 공격을 대적하는 원리

사탄의 공격을 대적하기 위해서는 다음의 원리를 날마다 적용하고 기도로 준비해야 한다. 또한 강력한 대적의 목을 베는 날카로운 말씀을 암송하고 충분히 연습하고 실제로 적용해 보는 훈련을 해야 한다.

① 항상 보호의 권세를 활용한다.
② 방언으로 대응하라.
③ 성령님을 초청하는 권세를 사용한다.
④ 사탄을 확신 있고 담대하게 꾸짖는다.
⑤ 영적무기와 자연적인 처방을 사용한다. 즉 휴식, 음식, 운동 등이 있다.
⑥ 내안에 있는 영적인 장애물들을 제거한다.
⑦ 영적인 멘토를 통하여 새로운 공급하심을 받는다.
⑧ 자신의 영적 방어를 위한 기도모임을 지정해 두라.

질병을 고치는 사역기도 순서

질병을 고치는 실질적인 사역순서와 공식은 아래와 같다. 필히 익혀서 실용적인 사역순서에 따라 치유 사역을 하라.

(1) 먼저 성령님을 초청하는 기도를 드린다
성령님! 오시옵소서.
이 시간 당신을 초청합니다. 환영하고 모셔 드립니다.
온전히 성령님을 의지합니다. 그리고 기대합니다.

(2) 하나님의 임재가 임하도록 기도한다.
이 치유 기도사역을 행하는 곳에 하나님의 임재와 능력이 임하게 하옵소서. 그리하여 하나님의 영광과 하나님의 나라가 확장되게 하옵소서. 믿음 위에 하나님의 임재가 선포되게 하옵소서.

(3) 하나님의 말씀을 선포한다.
하나님의 말씀 로마서 8장 11절의 말씀에 의거하여 나는 완전히 치유되었음을 선포하노라.
다시 한 번 갈라디아서 5장 1절의 말씀에 의거하여 나는 눌림과 묶음에서 완전히 자유케 되었음을 선포하노라.
다시는 종의 멍에를 메지 말라.

(4) 믿음으로 확신을 갖고 선포한다.
주님께서 저주와 질병에서 속량하셨으니,
어떠한 암이나 질병도 내 몸에 들어오는 것을 금하노라!

아직도 내 몸 안에 있는 병균과 모든 바이러스는 예수 그리스도의 이름으로 즉시 죽을지어다.

(5) **반드시 예수 그리스도의 이름으로 적용한다.**
나사렛 예수 그리스도의 이름으로 명하노니,
주님께서 친히 당신의 암 병을 짊어지고 십자가에 못 박히셨으므로, 지금 나음을 입었음을 선포하노라. 나을지어다.

예수의 이름으로 명하노니,
(우울, 분노, 탐욕, 근심, 걱정, 화, 질투, 미움, 짜증)의 영아,
지금 떠나갈지어다.
깨끗이 치유될지어다.

롬 8:11
예수를 죽은 자 가운데서 살리신 이의 영이 너희 안에 거하시면 그리스도 예수를 죽은 자 가운데서 살리신 이가 너희 안에 거하시는 그의 영으로 말미암아 너희 죽을 몸도 살리시리라

갈 5:1
그리스도께서 우리를 자유롭게 하려고 자유를 주셨으니 그러므로 굳건하게 서서

다시는 종의 멍에를 메지 말라

악한 영들의 영적 쓰레기 청소 사역하기

악한 영들의 영적 쓰레기를 청소하는 것은 매우 중요하다. 왜냐하면 모든 사역의 시작이며 효력이 있는 사역을 위해서 필히 사전에 이루어져야 하는 것이다. 혹시 내가 사역을 하여도 영적 반응이 없다는 것은 상대의 영적 쓰레기가 아직 청소되지 않았다는 것이다.

영적 쓰레기들은 어떤 것들이 있는지를 살펴보면 아래와 같다.

아래의 영적 쓰레기들을 알아야 장악할 수 있다.

"염려, 걱정, 두려움, 나쁜 태도, 분노, 증오, 음탕, 교만, 욕심, 교만, 속임, 정욕, 수치심, 죄책감, 거부, 우울증, 상처를 준 사람을 품고 있는 것, 쓴 뿌리, 적개심, 열등감, 오만 등

또 부족하다는 생각, 무가치하다고 여기는 것, 그리고 조상의 죄, 맹세, 저주, 헌신, 즉 가계에 흐르는 악한 영들, 봉헌된 것, 사탄의 유혹에 넘어간 것 등

또 주일을 지키지 않는 것, 남을 미워하는 것 등등" 그 외에도 많은 것들이 있다. 악한 영적 정체를 알아내어 밝힌다는 것은 이미 승리를 내가

쥔 것이나 다름없는 것이다.

 나사렛 예수 이름으로 명하노니,
혹 내 안에 영적 쓰레기들이 쌓여 있다면,
예수님의 보혈로 깨끗이 청소될지어다!

장소에 대한 권세기도

영적 청소의 대상으로 우리의 집, 방, 사업장, 땅, 소유물, 물건, 특정인의 권리(무당, 점술사, 점쟁이) 등에 그 권세를 사용할 수 있다.

우리는 예수의 능력을 사용해서 사탄의 모든 권세를 쉽게 몰아낼 수가 있는 것이다. 악한 영을 확신 있게 꾸짖는 것이다.

다음의 반드시 법칙을 숙지하여 사용하라.

① 각 방마다 들어가서 기도로 성령의 기름 부으심을 바른다.
② 그리고 사탄의 침입을 저지하는 권세를 주장한다.
③ 집의 정원이나 뜰, 광, 밖의 화장실, 창고도 동일하게 권세를 주장한다.
④ 결과로 집의 공간에 매복했던 사탄이 추방될 것이다.

다음과 같은 증상을 갖고 있는 가정은 권세와 능력의 사역을 취하라.

① 부부간에 비판적인 말을 한다.
② 집에만 들어오면 부부 싸움을 한다.
③ 집에 들어오면 더 스트레스가 쌓인다.

그렇다면 영적 쓰레기가 존재하고 있다는 것이다. 예수님의 보혈의 능력으로 깨끗이 청소하라.

보혈기도로 적용하기

① 보혈로 덮는 기도를 한다.
② 집안의 내력이나 죄를 다룬다. 그리고 집안에 자주 반복되는 일들을 다루라.
③ 물건이나 맹세, 문화나 유전적 문제에 대하여 질문한다.
④ 성령을 초청하는 권세를 사용하여 기도한다.
⑤ 예수님을 이 장소에 초청한다. 임재 하도록 통로를 연다.
⑥ 예수님의 보혈을 뿌린다.

031 나사렛 예수의 이름으로 이 장소와 공간 위에
능력과 권세를 주장하노라.
이 장소를 예수의 보혈로 정화한다.
그러므로 사탄과 그의 졸개들은 이 장소에서 떠날지어다.

⑦ 축복으로 공간을 채운다.
⑧ 권세와 능력으로 기도한다.

보혈을 적용하여 덮는 기도를 한다. 그리고 예수님의 보혈이 이 장소를 깨끗이 정결케 한다는 것을 믿고 주장하라.

대적 사역을 위한 절차와 준비하기

치유 사역을 위해서는 다음과 같은 절차와 준비가 있어야 한다.
치유에 관심이 있는 영적 기도자는 필히 이 절차를 숙지하시기 바란다. 훈련하고 익히면 담대함이 그리고 영적 자신감이 생긴다.

(1) 대적 기도 대상을 선택한다.
- 남편이나 믿지 않는 성도님들
- 문제가 있는 성도님들
- 모든 청년들
- 목사님과 사모님
- 관리 집사님
- 영적 문제가 있는 자
- 질병이 있는 자
- 수술 후 환자
- 연약한 자
- 심신이 약한 자

(2) 해당 성도님들을 앞으로 나오게 한다.
또는 그 자리에서 서게 한다.

(3) 그리고 전성도가 그들을 껴안고 기도하게 한다.

(4) 찬양은 계속 이루어지고 기적이 일어나고 치유가 있을 때까지 기도한다. 긴 시간 성령이 강림하여 역사할 때까지 기도한다.

예를 들어,
청년들을 위한 기도 준비
"이들이 교회의 소망입니다.
이들 가운데 대통령이 나올 것입니다.
교수가 나올 것입니다.
사장이 나올 것입니다.
과학자가 나올 것입니다.
의사, 판사, 변호사가 나올 것입니다. 그러기 위해 축복합시다.
이들은 다니엘처럼, 솔로몬처럼, 다윗처럼 되도록 기도합시다.
손을 뻗어 이 청년들을 기도해 줍시다.
이들을 위해 누가 기도해 줘요? 우리가 기도해 주어야 합니다."

사탄 악령 귀신을 쫓아내는 사역을 하기 앞서 이와 같은 내용을 읽고 준비한다면, 당신의 사역은 분명 능력으로 나타날 것이다. 필자는 영적으로 무장된 자녀의 기도가 한 번이라도 실패했다는 얘기를 들어보지 못했다.

그러므로 다음 장에 있는 200여 가지의 대적기도를 실용적으로 활용하려면 이 장을 잘 읽고 숙지해야 함을 다시 강조한다. 여러 번 읽어 그 절차와 순서를 익히고 준비해야 한다.

준비한 자의 기도는 능력이 있다.

3장

능력의 대적 방패기도 베스트
사탄, 귀신을 쫓아내는 대적 방패 기도

우리는 토레이 목사님이 외친 것에 귀를 기울여야 할 것이다.
"기도는 무한한 하나님의 은혜의 문을 여는 열쇠이다.
기도하는 자는 하나님의 모든 것을 갖게 될 것이다."

또 캐트린 쿨만의 말에 귀를 기울이자.
"하나님이 우리에게 주신 가장 큰 능력은 기도의 능력이다."

귀신을 쫓아내는 대적 방패기도

 성령님, 저는 갈급합니다.
성령님을 초청합니다. 성령님을 환영합니다.
성령님을 영접합니다.
성령님, 내게 능력으로 임하여 주옵소서.
성령님께 온전히 맡기며, 임재를 기대합니다.
늘 동행하여 주옵소서.
주님의 역사가 증거로 나타나게 하옵소서. 아멘.

이 책은 영적 능력의 대적기도문이다.

수천 개의 설교 가치보다, 때로는 힘없는 기도보다 더 큰 가치와 능력이 있음을 기억하라.

영적 세상의 가장 위력적인 원자폭탄은? 폭발력이 가장 좋은 영적무기는 바로 예수님의 이름과 보혈의 권세를 믿어 내뱉어지는 대적기도일 것이다.

그래서 나는 날마다 다음의 능력의 대적 방패기도를 한다. 그러면 하늘의 권능이 임하는 것은 물론이고 신적인 능력이 발휘되어 놀라운 기사와 이적을 체험하게 된다.

여러분도 동일한 예수님의 기적을 체험하리라 믿는다.

사탄 마귀가 주는 묶음과 눌림의 증상

이런 경험이 있는가? 갑자기 무기력감이 오기 시작하는가? 온 몸에 힘이 빠져서 아주 피곤함을 느끼는가? 우울함으로 어떤 일에도 즐거움이 없다면, 그런 경우 혹 귀신이 들어와 역사하는 경우가 많이 있다.

그럴 때 영적 대적기도를 통해 치유할 수 있다. 쫓아낼 수 있다. 따라서 기도하라.

 내 안에 귀신들 들어와서 나를 무기력하게 하고 있다면,
내가 예수 그리스도의 이름으로 명하노니,
지금 당장 나올지어다. 떠날지어다.
난 주님의 자녀이므로 악한 영은 절대로 공격할 수 없노라!

대부분은 심령이 약한 그리스도인, 또한 영적 감각이 무지한 경우에 찾아온다. 그런데 많은 그리스도인들은 내가 사탄 마귀를 부수고 박살낼 수 있는 권세를 가지고 있다는 사실을 모르며 어떻게 사용하는지를 모른다.

아래의 상태를 점검해 보시기 바란다. 이는 악한 영들의 눌림에 나타나는 현상들이다.

☐ 마음이 늘 우울하다.
☐ 갑자기 분노와 화가 난다.
☐ 죽고 싶은 충동이 자주 일어난다.
☐ 몸이 무겁고 무기력해진다.
☐ 매우 외롭고 삶이 힘들다.
☐ 피곤함을 자주 느낀다.

물론 이런 것들이 모두 사탄 마귀가 주는 것은 아니다. 다만 사탄 마귀가 주는 경우가 있다는 것이다. 배후에 혹시 악한 영이 있는지 분별하는 영적 감각을 키우라.

또한 두려움, 열등의식, 절망감, 상처 등으로 생활이 그리고 대인관계가 힘들다면 그것도 사탄이 주는 묶임과 눌림이 아닌가 점검해 보시라.

밑져야 본전이다. 악한 영을 쫓는 기도를 한번 해 보라. 더욱 나를 강화시켜 줄 것이다.

034 나의 불안이, 무기력함이, 절망감이 사탄 마귀가 주는 것이라면,
내가 예수 그리스도의 이름으로 명하노니,
지금 당장 묶임을 놓고 나에게서 떠나가라!

나는 하나님의 자녀로 너의 결박을 풀고
묶임을 파쇄 할 능력과 권세를 가지고 있음을 선포하노라.
그러므로 예수의 이름으로 명하노니,
악한 영들의 공격을 차단하고 파쇄하노라!

분명 악한 영들이 주는 불안감과 근심이 사라졌음을 느낄 것이다.
다시 기운이 넘치는 것을 확인할 수 있을 것이다.
특히 내성적이고 생각이 복잡한 사람들, 툭하면 우울해지고 심란해지는 사람들은 특별히 조심할 필요가 있다. 자신의 영을 강하게 할 필요가 있다.
왜냐하면 악한 영으로부터 공격을 쉽게 받을 수 있기 때문이다.
다음의 말을 선포하라.

"나는 피곤하지 않다.
나는 우울하지 않다.
나는 행복하다.
나는 건강하다.
나는 기운이 넘치고 있다."

그리스도인들이 더럽고 악한 영들에 대항하여 싸울 수 있는 무기 중

하나는 직접 명령이다.

사탄이나 악령에게 물러갈 것을 직접 명령하는 것이다. 광야에서 시험을 받으신 예수님께서는 마귀에게 물러가라고 명령하셨다.(마 4:10)

어떤 소년에게 들린 간질병 귀신에게 그 소년에게서 떠나라고 명령하셨다.(막 10:25)

거라사 지방의 광인에게서 군대귀신을 쫓아내실 때에도 역시 명령의 말씀을 통해서 역사하셨다.(막 5:8)

예수님께서는 사탄이나 그 졸개인 악령들과 대면하게 될 때 언제나 "물러가라"는 매우 간단한 명령을 통해 그들의 세력을 물리치셨다.

지금 당장 큰 소리로 함께 부르짖어 기도하라.

아래처럼 힘차게 선포하는 것은 귀신의 힘을 제한하고 무력화시키는 능력이 있다는 것이다.

필자는 날마다 다음의 능력의 귀신을 쫓아내는 대적 방패기도를 한다. 귀신을 쫓아내는 기도를 드린다. 그러면 하늘의 권능이 임하는 것은 물론이고 신적인 능력이 발휘된다.

035 주님!
마귀를 대적하게 하심을 감사드립니다.
이 진리를 알게 하심에 감사드립니다.

하나님 아버지 건강주신 것을 감사드립니다.

다시 한 번 악한 영들이 공격하는 것을 나사렛 예수 이름으로 금지하노라.

예수님께 우리들을 전적으로 순종하고 복종하고 드립니다.

예수 그리스도의 보호를 선포하노라!

예수 그리스도의 평안을 선포하노라!

성령의 동행하심을 선포하노라!

하늘의 권능이 내게 있음에 감사합니다.

영적 대적기도로 승리케 하시니 감사합니다.

아멘.

성령의 임재가 있는 치유기도

이 책은 영적 능력의 기도문이다. 수천 개의 설교 가치보다, 때로는 힘없는 기도보다 더 큰 가치와 능력이 있음을 기억하라.

영적 세상의 가장 위력적인 원자폭탄은? 폭발력이 가장 좋은 영적무기는 바로 예수님의 이름과 보혈의 권세로 내뱉어지는 대적기도 일 것이다.

필자는 날마다 다음의 능력의 대적 방패기도를 한다. 그러면 하늘의 권능이 임하는 것은 물론이고 신적인 능력이 발휘되어 놀라운 기사와 이적을 체험하게 된다.

 이 시간 임재하여 주옵소서.
성령님, 저는 갈급합니다.
성령님을 초청합니다. 성령님을 환영합니다.
성령님을 영접합니다.
성령님, 내게 능력으로 임하여 주옵소서.
성령님께 온전히 맡기며, 임재를 기대합니다.
이 기도문을 읽다가 치유와 기적이 일어나게 하옵소서.
주님의 역사가 증거로 나타나게 하옵소서. 아멘.

 **하나님은 지금도 살아계셔서 나에게 역사하십니다**

내가 이 시간, 나사렛 예수 그리스도의 이름으로 명하노니,
이 자녀를 속이고 그 마음을 붙들고 있는 염려, 걱정, 근심, 두려움,
공포, 불안, 슬픔과 우울, 불면증, 짓눌림, 가위눌림, 환청, 환시,
과거의 상처, 쓴 뿌리, 분노,
예수 그리스도의 이름으로 명하노니,
이 자녀로부터 떠날 갈지어다.
이 자녀를 묶고 있는 거짓, 불신, 미혹의 영아!
예수 그리스도의 이름으로 명하노니 떠나갈지어다.

나사렛 예수 그리스도의 이름으로 명하노니,
뇌암, 자궁암, 유방암, 췌장암, 폐암, 위암, 간암, 대장암, 근육암,
피부암, 갑상선암, 백혈병,
이 더러운 각종 종양과 암들아,
하나님의 말씀에 통제받지 않고,
스스로 증식하는 이 모든 더럽고 악한 세포와 조직들,
신경과 혈관들은,
예수 그리스도의 이름으로 명하노니 증식을 멈출지어다.
온전케 될지어다.

성령님을 초청하는 영의기도

〈Here and Now〉 언제 어디서나 성령님을 초청하고 모셔드리는 기도를 드려야 한다. 지금 이 순간 성령께서 우리와 함께해 주시기를 같이 기도드리라. 언제나 첫번째로 성령님의 임재와 초청하는 기도를 드려야 된다.

 성령님을 초청하는 영의기도 ①

오소서 성령이시여!
성령이여 오셔서 제 삶 가운데 거하옵소서.
성령께서 저를 더 큰 지혜와 사랑으로 인도하신다는 것을 분명히 깨달아 알게 하옵소서.
성령의 능력을 제 삶 속에 보내 주시옵소서.
성령님을 지금 초청합니다.

지금 이 순간 성령께서 우리와 함께해 주시기를 기도드립니다.
오시옵소서, 성령님!, 저희에게 오소서.
이곳에 성령님을 초청합니다. 오시옵소서.
저희에게 오시어,

닫혀진 저희의 마음과 눈과 귀를 열어 주시옵소서.
거룩한 영이시여!
이 예배(모임/간구/사역)를 통하여 저희 영안이 환히 트이고,
귀가 열리고, 저희 믿음이 뜨거워지고, 저희 삶이 성령의 은혜로
충만하게 하소서.
아멘!

 성령님을 초청하는 영의기도 ②

성령님을 환영합니다.
성령님을 인정합니다.
그리고 모셔 들입니다. 또한 의지합니다. 임하시옵소서.
성령님 충만히 임하시옵소서.
오늘도 주님의 역사와 임재를 기대합니다.
성령님과 함께 온전히 길을 걸어가게 도우소서.
성령님은 늘 나의 도움이 되십니다.
오늘도 하루 종일 같이 계시고,
동행하여 주시고 역사하여 주십시오.
성령님 나를 지배하소서.
육신의 생각을 대적합니다. 성령이여 임하소서.

오직 나의 정신과 감정과 의지는 성령의 지배를 받을지어다.
오늘 나를 성령의 능력으로 사로잡아 주옵소서.
성령이 지배할지어다.
아멘!

성령님을 초청하는 영의기도 ③

지금 이 순간 성령께서 우리와 함께해 주시기를
간절히 기도드리겠습니다.
성령님, 저희에게 오시오소서, 성령님을 환영합니다. 인정합니다.
그리고 모셔드립니다. 의지합니다. 기대하오니 오시옵소서….
저희에게 오시어, 저희의 마음과 눈과 귀를 열어 주옵소서.
그리하여 저희 마음과 눈과 귀가 환희 트이고,
저의 믿음이 뜨거워지고,
저희 삶이 성령의 은사로 충만하게 하소서.
저희의 믿음의 못이 깊이 들어갈 때까지
성령의 망치질을 아끼지 말아 주옵소서.
우리의 완악하고 굳은 마음을 성령의 쟁기로 갈아 엎어주옵소서.
아멘.

 **성령님을 초청하는 영의기도 ④**

이 시간 성령님께서 우리와 함께해 주시기를 기도합니다.
제가 기도하기는 이 자리의 한 분 한 분 모두에게
임하기를 기도합니다.
또 기도하기는 성도의 한 분 한분마다 병든 자를 만짐으로
치유가 일어나기를 바랍니다.
또 기도하옵기는 구원의 확신을 갖게 되어 천국 가는 거룩한 길
로 인도해 주시기를 바랍니다.
이 교회에 더욱더 성령으로 기름 부어 주시옵소서.
주님을 찬양합니다.
치료하시는 예수님 이름으로 기도드립니다.
성령님의 강력한 임재가 있기를 간구합니다. 아멘.

 **성령님의 임재를 구하는 기도**

성령님, 이 시간 간절한 마음으로 기도하오니,
당신의 자녀들에게 영광과 권능으로 임하여 주옵소서.
이 시간에 모든 자녀들의 머리부터 발끝까지
예수의 피를 뿌려 주옵소서.

예수의 피를 뿌리노라!
이 시간 예수의 피를 힘입어 지성소로 나아갑니다.
이 곳에 모인 성도들의 머리부터 발끝까지 사로잡아 주옵소서.
권능으로 역사하옵소서.

 성령 충만한 시작기도 ①

하나님 아버지께서 우리에게 구주 예수님을 보내주셔서,
예수님 보혈의 공로로 말미암아,
구정물 같은 죄악을 다 용서함 받게 하여 주시고,
수렁보다 더 더러운 우리의 심령이, 주 예수 그리스도의
십자가 피로 깨끗이 씻음 받은 것을 감사하옵나이다.

예수 그리스도의 보혈이 흐르는 샘 속으로 뛰어 들어가서
정화를 받고, 씻음을 받고, 의롭다함을 받고,
성령을 받으오니 예수님 감사합니다.
예수님의 이름으로 감사와 찬양을 올립니다.

오! 예수님!
오늘 예수님의 이름으로 이곳에 모인 식구들마다 한 사람도 떨어

지지 않고 모두 다 예수님의 공로를 입게 하여 주옵소서.
알고 지은 죄 모르고 지은 죄 다 용서하여 주옵소서.
우리의 중심을 정결하게 하여 주옵소서.

 성령 충만한 시작기도 ②

살아 계신 아버지여, 성령을 보내주셔서
우리의 어두운 마음의 문을 열어서
진리를 알게 하시니 감사하옵니다.
보혜사 성령님이시여,
오늘 예배 시간에 보혜사 성령님을 보내주심을 우리는 인정하옵고, 환영하오며,
모셔 들이며, 의지하옵니다.
오, 보혜사 성령님이시여,
우리를 붙잡아 주시고, 품어 주시고, 채워 주옵소서,

하나님 아버지,
오늘 예배에 참석한 우리 성도들에게 복을 내려 주옵소서.
영혼이 잘 됨 같이 범사에 잘 되며 강건하게 만들어 주옵소서.
우리의 영혼 속에 밝은 비전을 채워주옵소서.

진리와 생명으로 그리고 구원의 확신으로 채워주옵소서.

아버지,
오늘 마귀에게 고난당하는 자 예수의 이름으로 놓아 주옵소서.
병들은 자 예수의 이름으로 깨끗이 치료해 주옵소서.
어려운 일을 당한 자 예수의 이름으로 오늘 응답하여 주옵소서.
믿음이 부족한 자 채워주옵소서.
성령이 부족한 자 오늘 성령 충만으로 채워주옵소서.
오늘 이 예배 시간이 주의 기적으로
충만한 시간이 되게 만들어 주옵소서.

지금 이 시간에 주님이 이곳에 계심을 믿습니다.
예수님의 이름으로 감사하며 기도드립니다. 아멘!

 **성령님께 물어보기**

성령님! 성령님께 묻습니다.
이 장소에 어떤 영들이 존재하는 지 알려주옵소서.
또한 물건 가운데 하나님을 기쁘시게 못하는 것은 무엇입니까?
말씀하여 주옵소서.(기다리고 듣는다.)

사악한 영은 들을지어다.
나사렛 예수 이름으로 추방하노라.
떠날 찌어다.
이곳에 존재하는 악한 영은 즉시 떠나라!
그리고 이 자리에 성령님을 초청합니다.
임하여 주옵소서.

대적 명령기도

 **대적 명령기도 ①**

  날마다 입술로 담대하게 명령하라. 하나님을 온전히 의지하고 타협함이 없는 확고한 대적 방패기도로 선포하라! 이것이 이기는 대적기도의 명령이다.

나는 하나님의 자녀이다.
나에게는 사탄을 제압할 권세와 능력이 있다.
당신은 그리스도인이다.
당신은 거룩한 사람이다.
당신은 치료받은 사람이다.

당신은 복 받은 사람이다.

당신은 천국인이 되었다.

당신은 마귀와 싸울 수 있다! 그리고 이길 수 있다.

그 이유는 당신에겐 예수님의 큰 능력이 있기 때문이다.

 대적 명령기도 ②

마치 왕의 신분으로서의 왕같이 명령하라.

영적 강력한 대적 기도를 선포하라! 당신은 왕 같은 제사장이다.

하나님의 능력과 권세를 지닌 자녀이기 때문이다.

너의 근심 불안 초조는 물러갈지어다!

귀신아 물러가라!

가난은 물러가라!

실패는 물러가라!

절망은 물러가라!

질병아 너는 나와 상관이 없다.

그러므로 내 몸에서 묶임을 놓고 지금 떠나라! 물러가라!

나사렛 예수의 이름으로 너를 결박하고 꾸짖어 쫓노라!

048 과거형 대적명령 기도

이미 이루어 준 줄 믿고 기도하는 명령을 하라, 그리고 시인하라. 선포하라. 이미 과거에 주신 것을 믿고 확신을 갖고 기도하라.

우리 가정이 이미 구원 받았으니 빨리 이루어 주시옵소서.
하나님이 내가 이미 병 고침 받았으니 빨리 나타나게 하옵소서.
하나님 내가 이미 응답 받았으니 빨리 나타나게 하옵소서.
하나님 이미 주신 충만을 더 넘쳐나게 하옵소서.
나는 이미 구원받은 자녀이므로
승리하였음을 드러나게 하옵소서.

오! 하나님이시여 이미 성령을 주신 것에 감사드립니다.
하나님 아버지 미리 우리를 고쳐 주신 것에 감사드립니다.
이미 나음을 입었다.
나는 건강하다.

049 회복의 영적기도 ① - 자화상

내가 하나님의 작품임을 깨닫게 하여 주시옵소서.

나는 하나님의 값비싼 대가로 얻은 생명임을 믿습니다.
그러니 기적이 일어나게 하옵소서.
세상에, 교회에 꼭 필요한 존재가 되게 하옵소서.
사명을 감당하게 하옵소서.
창조의 역사자로 살게 하옵소서.
하나님의 걸작품이 되게 하옵소서.
'하면 된다!' 는 믿음을 갖게 하옵소서.
매일 매일 하나님의 가치를 이 땅에 실현하게 하옵소서.
하나님이 주신 재능을 발견하게 하시고 자랑하게 하옵소서.
내 삶에 강력한 회복의 영이 임할지어다!
당당한 하나님의 자녀로 살게 하옵소서.

050 회복의 영적기도 ② - 인간관계

악한 영이 인간관계 속에서 역사할 때에 불화하는 일이 계속하여 발생할 때나 예상이 될 때에 드리는 기도이다.

나사렛 예수 그리스도 이름으로 나와 OOO사이에 관계를 파괴시키고 감정을 악화시키는 악한 영을 대적하노라.
너희는 예수의 보혈의 능력으로 묶일지어다.
우리를 위해서 싸우시는 나사렛 예수 이름으로 명하노니

나와 OOO 사이에 관계를 파괴시키고 감정을 악화시키는 악한 영이 활동과 일과 계획을 금지하노라.
좋은 관계로 회복될지어다.

나의 감정적 의지적인 영역에 역사하는 영들에게 명령하노라.
너희가 미움을 주는 것을 금지하노라.
질투를 금지하노라.
시기를 주는 것을 금지하노라.
그러므로 꼬인 모든 관계는 좋은 관계로 회복될지어다.

나사렛 예수이름으로 명령한다.
좋은 관계를 회복하려는 의지를 막는 영의 세력의 활동을 금지한다. 서로 용서하려는 의지를 막는 영의 세력의 활동을 금지한다!
모든 관계가 풀릴지어다.

051 왕처럼 권세 있게 말하고 다스리는 기도

당신은 하나님의 왕자이다. 그리고 나의 아버지가 왕임을 기억하고 나의 주어진 권세를 사용하라. 그러므로 하나님의 자녀는 이렇게 기도할 수 있다.

이것은 내 것이다.

이것은 나의 소유물이다.

이것은 나의 영토이다.

너희 마귀는 물러가라.

너희 죄악은 물러가라.

세속은 떠나가라.

너희 슬픔은 물러가라.

저주는 물러가라.

질병은 사라질지어다.

사망은 물러가라.

나는 하늘의 권세를 지닌 왕자(공주)이다.

그러므로 사탄과 그의 졸개들은 나에게 올 수 없노라.

 부정적 생각을 대적하는 기도

예수 이름으로 나의 마음속에 부정적 생각으로 공격하는 사탄을 대적할 수 있다. 그리고 예수 그리스도의 권세를 주장하노라. 예수 그리스도의 이름과 그의 권세는 나의 부정적인 생각을 긍정적인 생각으로 바꾸신다.

지금 담대하게 선포하노라.

예수 그리스도의 이름으로 나의 저주를 축복으로 바꾸노라.
나의 미움을 용서로 바꾸노라.
나의 마음의 쓴 뿌리를 화목으로 바꾸노라.

예수님의 피 능력으로
나의 고통을 기쁨으로 바꾸노라.
나의 근심을 평안으로 바꾸노라.
나의 아픔을 즐거움으로 변화시키노라.
가난을 부요함으로 바꾸노라.
환란을 감사로 바꾸노라.
시험을 축복으로 바꾸노라.
예수 그리스도의 권세와 그의 능력으로 나의 조상적부터의 저주를 축복으로 바꾸노라.

대적 능력 방패기도

 **귀신을 쫓아내는 기도**

우리에겐 귀신을 다스리는 권세를 가지고 있다. 우리는 그리스도로부터 물려받은 권위를 사용함으로 얼마든지 귀신들을 다스리고 쫓아낼 수

있다는 것이다.

> 귀신아, 이 사람에게서 떠나 예수의 발 앞에 무릎을 꿇을지어다.
> 예수 그리스도의 이름으로 명하노니, 귀신아! 물러갈지어다.
> 사탄아!, 당장 물러갈지어다.
> 예수께서 더 강하시다.
> 너는 떠나야 한다.
> 예수 그리스도의 피로 기도하노니, 귀신들아! 물러갈지어다!
> 주님이 주신 권세로 명령하노니, 내 주변에서 떠나갈지어다.

● 054 사탄을 묶는 기도

예수 그리스도의 이름으로 나는 너 사탄에게 명령한다. 예배를 방해하지 말도록 명한다. 또 예배를 방해할 수 없음을 명령한다.

담대하고 강하게 선포하라. 곧바로 효력이 임할 것이다. 여러 차례 선포하라. 그리고 영과 혼이 잘 되고 강건해지고 형통해지는 대적기도를 선포함으로 승리할 수 있다. 오직 마귀의 대적의 말만 선포하라.

> 너는 이 성회 중에,
> 이 성전에 어떤 영향을 미치지 못하도록 묶는다.
> 나는 너에게 우리가 준비 기도를 끝낼 때,

조용히 떠날 것을 명령한다.
예수 그리스도의 이름으로, 너를 묶고 결박하노라.
너는 이제 더 이상 내 집에서는 그렇게 행동할 수 없어.
이 집은 이미 깨끗케 되었다.
이 집은 예수의 피가 덮고 있다.
사탄아, 내가 예수 이름으로 명령한다.
너는 이 일을 멈출지어다!

안 돼!
예수님의 이름으로 너는 거기서 멈출지어다.
너는 내 몸 안에 허락할 수 없다.
너는 내게서 떠날지어다!

 마귀의 활동을 금지하는 명령기도

　하루 중에 악한 귀신이 공격이 있다고 생각할 때나 악한 귀신이 사건을 일으키고 복잡하고 혼란하다고 느꼈을 때에 드리는 기도이다. 악한 영의 공격일지는 잘 모르겠는데 안 좋은 일이 자꾸 발생하면 드리는 기도이다. 이 방패기도를 함으로써 온전한 승리를 거둘 수 있다.

나사렛 예수 이름으로 악한 영을 대적한다.
너의 일과 계획을 중단할 것을 명령하노라.
예수의 보혈과 능력으로 너의 하는 일을 금지시키노라.
마귀의 계획을 파괴하노라. 떠날지어다.
성령님을 초청합니다.
천군 천사를 보내어 지키게 하소서.
예수님의 이름으로 기도합니다.

만일 이것이, 악한 영의 공격이라면,
나사렛 예수 이름으로 악한 영을 대적한다.
너의 모든 일과 계획을 중단할 것을 명령하노라.
예수의 보혈과 능력으로 너의 하는 일을 금지시키노라.

 **영적 무장기도**
영적 전신갑주로 무장하여 영적 전투에 임하는 기도이다.

하나님 아버지, 이제 저는 영적전투에 나갑니다.
그리스도의 군병으로 오늘도 성령님을 모시고 나아갑니다.
구원의 투구를 씁니다.
나의 영과 몸과 감정과 의지를 보호하기 위하여 구원의 투구를 씁니다. 사탄이 주는 죄책감과 수치심을 물리치기 위하여 의의 흉배를 붙입니다.
악한 영의 거짓과 속임수를 맞서기 위하여 진리의 허리띠를 띱니다. 영적인 게으름을 멀리하고자 평안의 복음의 예비한 신을 신습니다.
오늘도 믿음의 방패로 나의 영혼과 육체와 범사를 보호합니다.
사탄을 말씀으로 대적하기 위하여 성령의 검을 취합니다.

057 영적 방어 방패기도

영적 방어기도, 즉 방패기도를 드림으로 나의 집과 재산 그리고 자녀들이 완전히 보호 받을 수 있다.

나의 움직이는 시간, 장소, 교회, 가족, 친척, 친구, 재산, 사역 위에 예수 그리스도의 이름과 보혈로 덮어주소서.
성령의 불로 덮어 주소서.
주의 천군 천사를 보내주시고 나의 움직이는 시간, 장소, 교회, 가족, 친척, 친구, 재산, 사역을 지켜주시옵소서.

나사렛 예수 이름으로 명하노니, 공중의 악한 영들에게 명령한다. 공격하는 것을 금지하노라.

악한 영들의 모든 영역에 개입을 금지하노라.
분리되고 단절될지어다.
나의 사역을 방해하는 영들을 나사렛 예수 이름으로 대적하노라.
너희는 성령의 띠로 묶일지어다.
보혈의 능력으로 묶일지어다.

 058 사탄의 공격을 방어하는 방패기도

사탄의 공격을 방어하는 방패 기도를 드린다. 그 효력은 대단하다.

나의 영혼, 마음과 육체, 건강과 사명과 교회, 가족, 이웃, 친척, 재산 일터와 범사에 저주를 파괴합니다.
오늘 나의 움직이는 모든 장소, 활동하는 시간에 호흡하는 모든 생활과 삶 위에 성령님을 초청합니다.
악한 귀신을 추방하며, 오늘 그리스도 예수의 권세를 주장합니다.

오늘도 하나님의 복음이 증거 되게 하시고, 하늘나라를 선포하게 하시며, 몸의 치유와 마음의 치유의 역사가 나타나게 하시옵소서.
예수 그리스도의 권세로 원수마귀의 공격을 파괴합니다.
나의 영혼과, 육체, 건강, 교회, 사역, 이웃, 가족, 재산, 사업장, 일터, 범사에 사탄의 저주를 예수님의 보혈의 능력으로 차단합니다.

나를 공격하고자 하는 원수 마귀의 일과 계획을 예수 이름으로 파괴하노라.
지금 원수 마귀의 일을 묶고 분리되고 떠나갈지어다.
인간들 속에 역사하는 귀신을 예수 그리스도의 보혈로 파괴하노라. 귀신의 침입한 통로를 내가 예수 이름으로 묶고 막노라.
예수 그리스도의 이름과 보혈로 차단하고 단절시키노라.
귀신의 일과 계획을 주님이 보혈로 묶고 추방하노라.
멀리 떠날지어다.

나의 영혼, 육체, 교회, 가족, 이웃, 사업장, 일터, 재산, 자녀 위에 하나님의 전신갑주를 입힙니다. 빛의 갑옷을 입습니다.
예수 이름으로 악한 원수 마귀를 지옥 감옥으로 보내노라.
이 교회와 사역을 원수 마귀가 방해하지 못하도록
예수 이름의 권세로 주장하노라.
사탄의 사주하는 입술의 권세를
예수의 이름으로 방어하며 깨뜨립니다.

기쁨과 소망과 축복으로 채웁니다.
사랑과 용서로 봉합니다.
예수님의 보혈로 봉합니다.

예수님의 이름으로 치료의 권세를 주장합니다.
예수님의 이름으로 나의 영혼, 육체, 교회, 가족, 자녀, 이웃, 사업장, 일터, 재산 범사에 축복의 권세를 주장합니다.
예수 그리스도의 이름과 권세로 가난을 부요로 바꿉니다.

 지진, 홍수, 기근, 충격적 사건, 전쟁, 참상을 극복하는 기도

은혜와 자비가 풍성한 하나님,
천재지변을 이용하여 악한 영들이 침입할 수 있음을 알고 있습니다.
전쟁과 같은 사건으로 깊은 상처와 고통을 통해 침입하는 악한 영들이 있음을 믿습니다.
주님, 그들의 상처와 고통을 치료하여 주옵소서.
이 시간 내가 경험한 각종 공포, 두려움, 수치, 놀램, 충격, 비극 등 모든 감정을 내려놓습니다.
주님이 제거해 주시고, 그 자리를 위로해 주옵소서.

충격적 사건과 참상의 기회를 틈타 나를 공격한 모든 어둠의 세력이 묶임을 받고 예수님의 이름으로 명하노니, 떠날지어다.
예수님의 이름으로 기도합니다. 아멘.

060 우상숭배, 이단에 참여한 죄 기도

하나님 아버지,
알고도 사탄을 숭배한 죄, 우상을 섬긴 죄, 그리고 이단 집회나 교회에 참석한 모든 죄를 용서 받기를 원합니다.
지금 우상들에 의해 올무가 되어있는 모든 가시를 제거하옵소서.
특히 굿, 점, 기, 기치료, 사주, 미신 등 어떤 비술적인 것에 의존했던 나의 영을 회복시켜 주옵소서.

또한 악한 영들에게 기도하여 받은 것이 있다면, 예수 그리스도의 이름으로 회개하오니, 그것들의 효력이 취소되게 하옵소서.
예수의 이름으로 회개하고 파괴하노라.
나는 악한 영들로부터 받은 유익, 힘, 권리를 회개하고 거부합니다.
하나님이 기뻐하지 않은 장소를 방문한 것, 접촉하는 것을 회개하고 끊어버립니다.
이 모든 것이 사탄의 권세에서 하나님께 옮겨주신 예수 그리스도의 이름으로 기도합니다. 아멘.

가계의 저주를 차단하고 끊는 기도

 **가계의 저주를 차단하는 기도**

먼저 저주의 말을 파괴하는 사역이 이루어져야 한다.

예수의 이름으로 나는 내가 자신에게, 또 나의 몸에게,
나의 어떤 한 부분에 내뱉은 모든 저주의 말을 파괴하노라.

오늘 우리의 열조의 죄악을 회개하고 주님 앞에 내 놓습니다.
우리의 아비와 열조와 조상들의 죄를
보혈로 씻어주시고 용서하여 주옵소서.

나사렛 예수 이름으로 조상들의 모든 맹세와 타인에 대한 비판과
악한 귀신의 숭배와 우상과 관련된 저주 그와 유사한 모든 저주
를 예수 그리스도의 권세로 파괴하며 차단하노라.(롬 8:1-2)
예수 그리스도의 권세로 주어진 생명의 성령의 법을 주장하노라.

 저주를 차단하고 파괴하고 끊는 기도

이 더러운 마귀야, 너는 내 말을 들을지어다.

나의 자녀들은 너의 소유가 아니야.
예수의 이름으로 내가 너를 결박한다.
너는 더 이상 내 자녀들을 넘볼 수 없느니라!
꺼져 버려!

야! 이 사탄 마귀야!
나는 이제 저주 아래 있지 않아.
나는 지금 예수님의 보혈의 권세 아래 있다!

 **063 저주를 끊는 기도**

예수 그리스도의 권세와 능력을 찬양하며
오늘 모든 죄를 주님의 십자가 보혈 앞에 내려놓습니다.
오늘 나의 입술과 행동으로 인한 죄, 타인에 의한 입술과 행동으로 지은 죄, 조상과 부모의 죄를 회개합니다.
나아가서 이런 것들로 인한 저주를 차단합니다.

사탄이 준 유익과 권리와 힘과 그 기쁨과 쾌락을 포기하며
예수님 앞에 순복합니다.
예수 이름으로 오늘 내가 입술과 행위로 걸어 논 저주,

타인이 걸어 논 저주 조상과 사탄이 준 저주를 파괴하며
축복의 권세를 주장하노라.

어두움의 권세와 모든 영혼육의 저주는 예수 그리스도의 이름으로 묶임을 받을지어다. 예수 그리스도의 보혈로 명한다.
모든 저주는 결박을 받을지어다.
예수 그리스도의 십자가 안에서 나는 축복 받으며 영혼이 잘 됨 같이 범사에 잘 되고 강건해지는 존재임을 감사합니다.
예수님의 이름으로 기도합니다.

 가계의 저주를 끊는 방안과 기도문 ①

하나님 아버지,
나의 조상이 내게 대물림해 준 저주의 증상을 알려 주십시오.
주여, 내가 알지 못하는 조상의 죄들 중에서, 특히 후손에게 저주를 불러 왔거나 부정적인 영향을 준 죄들과 사건들을 조명해 주옵소서.

하나님 아버지, 나는 저주를 초래하게 한 나와 나의 조상이 지은 모든 죄를 회개합니다.

이제 나는 주 예수 그리스도의 권세로, 내 가계에 임한 모든 종류의 죄의 결과 및 저주를 차단하고 제거하노라.
아버지와 어머니의 조상의 죄가 나에게 영향을 준 모든 종류의 가계적 속박을 예수의 이름으로 차단하노라.

하나님 아버지, 나의 모든 죄를 고백합니다.
이제, 저들을 향한 나의 분노, 쓴 뿌리, 증오, 앙갚음, 복수, 불평이나 용서하지 않는 마음을 하나님께 내려놓습니다.
주님, 나의 용서를 통해 저들을 묶임에서 풀어주시고, 저들을 통해 우리 가계를 공격하는 사탄의 세력을 차단해 주옵소서.
하나님 아버지, 당신 앞에서 나의 조상의 모든 죄를 고백합니다. 그런 조상의 죄에 참여한 나의 모든 죄를 회개하며 당신의 용서를 구합니다.
나는 현재와 과거 우리 집안 식구들이 우상 숭배, 미신, 굿, 점 등을 통해 비술, 사술에 참여하고, 사탄에게 맹세하고 서약한 모든 것을 예수의 이름으로 파괴하노라.

나는 나사렛 예수 그리스도의 이름으로 나의 가계를 통해 침입한 사탄과 그의 부하인 악한 영들과 그들의 모든 활동을 대적하노라.

주님, 저는 육신의 아버지의 사악함과 성적인 죄, 그리고 광포한 분노를 고백합니다.
저와 제 아이들을 그러한 죄로부터 분리시켜 주소서.
하나님, 저에게 은혜를 베풀어 주소서.
예수의 권세와 보혈로 저의 가족 안에 들어온 모든 악과 저주를 물리쳐 주소서.

하나님 아버지, 나와 나의 가정을 조상의 죄악 및 저주로부터 해방시켜 주심을 인해 감사드립니다.
이 시간 죄와 저주와 사탄이 점령했던 부분을 성령으로 채워 주시기를 기도합니다.

 가계의 저주를 끊는 기도문 ②

하늘에 계신 아버지시여, 주 예수 그리스도의 이름으로 아버지께 나아와 고백합니다.
우리 조상들이 알고 지은 죄, 모르고 지은 죄, 봉헌된 것,
잘못된 습관 등 가계의 혈통에 따라 내려오는 모든 죄를 용서하여 주시옵소서.
우리 조상들이 사탄과 맺은 모든 언약과 맹세를 이 시간 파괴합

니다.

예수 그리스도의 보혈로, 조상의 저주를 끊어버리고, 저주를 축복으로 돌려놓을 수 있다.

이제 그리스도의 보혈로 깨끗함을 받고, 거룩함을 받았나이다.

사탄과 귀신의 세력아, 예수의 이름으로 명하노니 너희 모든 사탄들아 지금 떠나갈지어다!

우리 가문이 사탄과 맺었던 그 어떤 관계도 예수 그리스도의 이름으로 파괴하고 끊어버리노라.

모든 마법, 저주, 주문, 마술을 주 예수 그리스도의 이름으로 끊어버리며 무효임을 선언하노라.

우리 가정이 미신, 잡신, 우상 숭배하던 맹세와 서약한 모든 것을 예수의 이름으로 파괴하노라.

사탄아, 내가 예수 이름으로 너를 꾸짖노라.

이제는 너에게 열어놓은 모든 문들을 닫아버리노라.

이 모든 말씀을 주 예수 그리스도의 이름으로 기도하옵니다.

아멘.

 **대대로 가계에 흐르는 저주(curse) 읽기로 끊기 ③**

오늘 우리에게 조상들로부터 흘러 내려오는 악한 영들을 추방하

는 기도를 합시다.

악한 영들은 우리의 조상들이 드렸던 곳이나 숭령숭배를 통해서 흘러들어왔는지도 모릅니다.

나도 모르게 아이들이 태어났을 때, 절이나 산에 봉헌한 것이 있다면, 우리 함께 기도합시다.

 우리조상들이 태어난 것을 제사나 절에 봉헌한 것이 있다면, 제사를 드렸다면, 그것을 통해서 악한 영이 흘러왔는지도 모릅니다. 물론 어떤 분들은 가계의 영들로부터 자유케 되신 분들도 있을 줄 믿습니다.

그러나 아직도 많은 사람들이 가계에 흘러 내려온 악한 영들로부터 자유케 되지 못한 사람들도 있을 줄 압니다.

가계를 통해서 흘러 내려오는 악한 영들을 추방하는 데 힘을 모아 기도하기 바랍니다.

우리가 악한 영을 이길 수 있는 강한 권세를 갖고 있음을 믿으시기 바랍니다. 우리는 이런 악한 영들이 가지고 있는 힘을 파괴할 수 있는 예수그리스도의 권세를 갖고 있습니다.

 **예수 피로 덮어 저주를 끊는 기도 사역하기 ④**

주님 우리가 주님께 속한 것을 감사합니다.
우리가 주님 앞에 모든 것을 드립니다.
주님께서 우리에게 악한 영들을 물리칠 수 있는 권세를 갖고 있음을 가르쳐 주심을 감사합니다.
이 시간, 주의 능력과 권세를 주장합니다.
이 시간 우리 안에 가계를 통해서 내려오는 악한 영들을 대적하고 추방합니다.
악한 영들이 이 시간 정체를 드러내는 것을 정지하노라.
예수의 이름으로 복종하고 순복할 것을 명령하노라.
하나님 아버지, 우리의 조상위로 올라가셔서 예수의 피로 가려주시고 보호해주시기를 바랍니다.

이 시간 나사렛 예수의 이름으로 이 가계를 통해서 내려오는 악한 영들의 힘과 모든 것들을 추방하고 파괴합니다.
이 시간 첫 번째 세대를 예수의 피로 덮습니다.
두 번째 세대를 예수의 피로 덮습니다.
세 번째 세대를 예수의 피로 덮습니다.
그리고 모든 세대들은 예수의 피로 덮습니다.

이 가정에 있는 악한 영들을 예수의 이름으로 취소하노라.
이 시간 나를 통해 조상을 통해 봉헌한 것을 예수의 이름으로 덮고 추방합니다.
우리가 또는 조상들이 우상들에게 봉헌 한 모든 것을 예수의 피로 덮고 그 모든 이들을 파괴해 버립니다.
맹세를 통해서 사탄의 포로가 되고 사탄이 우리를 사로잡고 있는 모든 법적인 권리는 나사렛 예수의 이름으로 취소하고 파괴합니다.
예수의 피로 우리에게 걸려있던 모든 저주들을 예수의 이름으로 파괴하고 예수의 이름으로 취소하노라. 특별히 우리 부모들이 원하지 않았지만 모든 저주들을 예수의 이름으로 파괴하고 취소하노라.

 **가정에 반복되고 대물림되고 전이되고 유전되는 모든 병 끊기 ⑤**

가정에 반복되고 대물림 되며 유전되는 모든 병들은 들을지어다!
혈우병이 후손에게 유전됨을 끊노라!
당뇨병이 대물림되는 유전을 끊노라!
녹내장이 전이되는 것을 끊노라!
전신마비가 유전되는 것을 끊노라!

색명이 유전되는 것을 끊노라!
야맹증이 유전되는 것을 끊노라!
동맥 경화증이 유전되는 것을 끊노라!
비타민 결핍증이 유전되는 것을 끊노라!
빈혈증이 유전되는 것을 끊노라!

아담의 죄가 자손에게 그대로 유전된 것이다.
주님 이 시간 역사하셔서 우리 가정에 반복되고 대물림되고 전이되고 유전되는 모든 병을 끊게 하여 주옵소서.
주님 재앙과 저주를 끊고 축복과 구원을 주옵소서.
치료하여 조시옵소서.
이 시간 예수의 피로 혈우병이, 당뇨병이, 녹내장이, 전신마비가, 색명이, 야맹증이, 동맥 경화증이, 비타민 결핍증이, 빈혈증이, 천식이, 심장병이 반복되고 대물림되고 전이되고 유전되는 것을 끊노라.
주의 손으로 손수 각 가정의 문제의 사슬을 끊어 주시옵소서.

 **가계를 통해 침입한 악한 영을 추방하는 기도**

주님의 능력을 믿습니다.

나는 저주를 초래하게 한 조상들의 모든 죄를 먼저 회개합니다.
조상들이 모르고 지은 죄를 거부하고 끊습니다.
이제 조상들로부터 내려온 악한 영들의 공격이 무효화된 것을 선포합니다.

이제 그리스도의 피의 권세로, 내 가계에 임한 모든 종류의 죄의 결과 및 저주를 차단하고 제거합니다.
아버지와 어머니의 조상 죄가 내게 더 이상 영향을 줄 수 없고, 그 속박으로부터 해방되었음을 선포합니다.
아버지와 어머니의 가계를 통해 침입한 모든 영들을 성령의 줄로 묶어 추방합니다.
가계를 통해 유전병, 정신이상, 광기, 암, 당뇨병, 고혈압, 등의 질병을 가져온 모든 악한 영들을 예수 그리스도의 이름으로 떠날 것을 명령합니다.
예수 그리스도의 이름으로 기도합니다.
아멘.

 **사탄의 세력이 스며드는 통로를 차단하는 기도**

부모들이 아무 생각 없이 자녀들에게 내뱉는 말

부모는 할 수만 있으면 항상 축복을 해야 한다. 부모의 저주는 하나님이 저주하는 것과 똑같은 효과를 발생한다. 다음은 사용되어서는 안 될 말이다.

"이 병신 같은 자식아,"
"바보 같은 자식,"
"야, 혀 빠질 놈아"
"야이 빌어먹을 놈아"
"야이 범물고 갈 놈아"
"야이 뒤질 놈아"

분노의 말
"나는 당신이 죽었으면 좋겠어,"
"나는 당신을 증오해"
"당신은 아무 짝에도 쓸모가 없어"
"당신은 무가치한 존재야"

저주의 말(마 5:22)
"사생아 같은 놈"
"개새끼 같은 자식"
"염병할 자식아"

"얼간이 같은 놈"

"나는 너를 임신하지 않기를 원했는데,"

"나는 이 아이가 유산되어 버렸으면 좋겠는데"

승리의 비결은 다음과 같이 기도함으로써 사탄의 세력을 파괴해야 한다. 입으로 예수를 주로 시인하고 마음으로 예수님의 죽으심과 부활을 믿어야 하고 예수를 영접해야 한다.

> 예수님의 이름으로 나는 내가 자신에게, 내 몸에, 나의 어떤 한 부분에 말하여 붙여 있는 모든 저주를 파괴하노라! 멸하노라!

맹세, 저주, 헌신, 죄의 영적권세를 파쇄하는 기도

071 맹세를 파쇄하기

맹세, 저주, 헌신, 죄의 문제들은 예수 그리스도의 이름으로 파괴하고 권세를 깨뜨릴 수 있다. 이렇게 기도하면 된다.

(1) 맹세를 예수의 이름으로 파쇄하기

예수의 이름으로 나는 _____ 행한 모든 맹세,

＿＿＿＿이루어진 모든 맹세를 취소하고 이런 맹세들을 통해 사탄이 우리 가정을 공격할 수 있는 모든 권리와 능력을 예수 그리스도의 이름으로 파쇄하노라!

(2) 맹세, 저주, 헌신, 죄, 참상의 권세를 취소하기

나는 예수 그리스도의 이름으로 모든 맹세나 헌신, 저주 및 죄와 참상에 대한 사탄의 침입을 차단하고 사탄에게 준 권세를 파괴하노라.

 **맹세, 저주, 헌신, 죄의 영적권세를 파쇄하기**

예수님의 이름으로 나는 조상들이(내가, 아버지가, 어머니가) 행한 모든 맹세에 대한 권세를 주장한다.
나는 그 조상들이 행한 모든 맹세를 취소하고 이런 맹세들을 통해 사탄이 우리 가정을 공격할 수 있는 권리와 능력을 파쇄하노라.

예수의 이름으로 나는 조상들이(부모) 행해졌던 권세를 주장한다. 나는 그 저주의 권세가 우리 삶을 공격하는 사탄이 획득한 모든 권리를 취소하노라.

예수 그리스도의 이름으로 나는 조상들이 거짓 신에게 헌신했던 권세를 주장한다. 나는 그 조상들을 통해 획득한 권리와 권세를 취소하고 파쇄 한다.

나는 그들의 권리와 권세를 무효화하고 파괴한다.

한 번 더 나는 이런 헌신에 사용된 의식을 예수님의 피로 덮는다.

예수 그리스도의 이름으로 나는 조상의 죄악을 통해 우리의 삶에 부정적 영향을 미치는 사탄의 개입으로부터 자유를 주장한다.

나는 그 조상들로 획득한 어떤 권세를 파괴할 수 있는 하나님의 능력을 갖고 있음을 선포한다.

따라서 예수 그리스도의 이름으로 조상들의 불순종의 죄를 겸손하게 회개한다.

073 사탄이 지닌 권리와 참상의 영적권세를 무효화하기

사탄이 제공한 모든 영적권세를 무효화 해야 한다. 사탄이 획득한 권리가 무엇이든 예수의 이름으로 파괴해야만 된다.

예수 그리스도의 이름으로 나는 우리 가계에 참상을 통해 사탄이 획득한 권리를 무효화시키는 것을 주장한다.

나는 예수님의 피로 그를 위로하고 사탄의 개입을 무효화한다.

나는 예수 그리스도의 이름으로 모든 맹세, 헌신, 저주, 죄, 참상에 대한 부정적 반응을 통해 사탄에게 준 권리를 파괴하노라.

 마귀를 대항하는 기도

나는 _____ 에게 역사하고 있는 너 예수 그리스도의 적의 정체를 폭로하고,
사탄 및 너를 조종하고 있는 세력으로부터 너를 분리시킨다.

나는 _____ 를 괴롭힐 권리가 너에게 없음을,
그리고 네가 하나님의 손에 심판을 받게 될 것임을 선언한다.

나는 그리스도의 권세로, 이곳에서 역사하는 모든 악령들의 세력을 묶는다. 예수님의 이름으로 멸하노라!

 **덮는 기도**

내가 거하는 장소, 시간, 나의 마음, 나의 영혼, 나의 육체, 나의 신앙생활, 나의 사명과 가족, 중보기도 해주는 사람들을 예수님의 피로 덮습니다.

성령의 불로 덮습니다.
나의 의지와 마음을 성령의 불로 덮습니다.
예수님의 피로 덮어 주옵소서.
보혈의 능력으로 덮어 주옵소서.
하나님의 큰 사랑으로 덮어 주옵소서.

 분리기도

나사렛 예수 이름으로 오늘도 사탄에게 경고한다.
오늘 나의 내부에서 역사하는 악한 영들을 예수 이름으로 결박한다. 나의 외부에서 역사하는 어떤 영들에게도 경고한다.
너희들은 분리될지어다.
외부의 악한 귀신들의 침입을 예수의 피로 차단하노라.
안팎으로 분리되고 떠나갈지어다.
나뉘어져 분리될지어다.

 **묶는 기도**

오늘도 나의 마음에서 역사하는 귀신을 예수의 피로 묶노라.
나의 영혼에 예수 그리스도의 권세로

보호함을 입을 것을 주장하노라.
마음과 영혼에서 묶일지어다.
육체에서 묶일지어다.
범사에서 떠나갈지어다.
인간관계 속에서 역사하는 영들도 다 묶일 것을
예수 이름으로 명령하노라.
묶여진 것은 풀릴지어다.

 전신갑주의 기도

하나님 오늘도 하나님의 전신갑주를 주심을 감사합니다.
오늘 내 영혼과 육체와 범사 위에 하나님의 전신갑주를 취합니다.
하나님이 주신 구원의 은혜 속에서 거하며
영원히 찬양을 드리게 하옵소서.
영혼이 잘됨같이 범사가 잘되고 강건하게 하옵소서.

나의 의지와 감정 위에 구원의 투구를 씁니다.
의의 흉배를 붙입니다.
성령의 검을 듭니다.
믿음의 방패를 취합니다.

진리의 허리띠를 두릅니다.

평안의 신발을 신습니다.

나의 의지와 감정이 건강해지게 하옵소서.

튼튼하게 하옵소서.

새 힘으로 채웁니다.

긍정으로 채웁니다.

감사로 채웁니다.

소망으로 채웁니다.

믿음으로 채웁니다.

희망으로 채웁니다.

축복으로 채웁니다.

 가장과 영적권세

　가장은 집안의 영적인 수문장과 같은 역할을 한다.

　또한 남편의 권세는 아내에게 위임될 수 있다. 그리고 권세는 수직적 수평적인 영향력을 행사한다.

　집안의 가장은 정기적으로 입술로 보호의 권세를 주장한다.

　그리고 자신의 집에 대한 권세를 갖는다.

　　예수의 이름으로 명하노니 조상으로부터

대물림 된 저주를 취소하노라.(수직적)
또한 형제나 친인척으로부터
대물림 된 저주를 취소하노라.(수평적)
조상으로부터 대물림 된 모든 것을 예수의 이름으로 취소한다.

_____ 어두움의 권세를 예수의 이름으로 묶노라.
그리고 추방을 명한다.
_____ 를 예수의 능력으로 축복하노라.

신유와 치유기도

080 치유기도하기

살아 역사하셔서 치료하시는 예수님,
오늘 치료하시는 하나님을 만나게 하옵소서.
출애굽기 15장 26절의 말씀대로
"하나님께서는 치료의 하나님"이심을 믿습니다.
하나님의 이름을 경외하는 자에게 주시겠다고 약속하신 말라기
4장 2절의 말씀을 믿습니다.

치료하는 광선을 비춰 주시옵소서,
그래 마치 외양간에서 나온 송아지 같이 뛰는
건강의 회복을 주옵소서.
이 시간 성령님이 오시는 것을 환영합니다.
제가 기도하옵기는,
이 자리의 한분 한분 모두에게 임하기를 원합니다.
또 기도하옵기는, 성도의 한 분 한 분마다 병든 부분을, 약한 곳을
만짐으로 치유가 일어나기를 바랍니다.

또 기도하옵기는, 구원의 확신을 갖게 되어 내가 천국 백성임을
깨달아 거룩한 주님의 길로 인도해 주시기를 바랍니다.
우리 목사님에게 더욱더 성령으로 기름부어 주시옵소서.
주님을 찬양하며 사랑합니다.
치료하시는 예수님의 이름으로 기도드립니다. 아멘.

⬤081 신유와 치유자 그리스도 – 창조적인 치유의 기도

예수 그리스도이시여, 이 병자를 불쌍히 여기옵소서.
성령님, 그를 품어주시옵소서.

신명기 28:61에 의하면 _____ 은(특정 병명)
율법의 저주입니다.
그러나 갈라디아서 3:13에 의하면 그리스도께서 나를 율법의 저
주에서 속량하셨습니다.
그러므로 나는 더 이상 _____ 을 갖고 있지 않습니다.

⬤082 신유와 치유자 그리스도 – 치유의 자유기도

예수님의 이름으로 명하노니 자유함을 받으라!

너, 예수님 사랑하니?(아이들)

예수의 피로, 예수의 피로 발라 주시옵소서.

말씀의 소독약으로 닦아 주시옵소서.

성령의 칼로 수술하여 주시옵소서.

치료하여 주옵소서.

구원하여 주옵소서.

이제, 치유를 통한 자유함을 누리게 하옵소서.

083 신유 고침의 명령 사역기도

몸이 아프신 분은 몸이 아픈 곳에 손을 얹어 주시기 바랍니다.

문제가 있으신 분은 가슴에 손을 얹어 주시기 바랍니다.

하나님께 영광 돌리기 원하는 사람은 손을 높이 들어 주시기 바랍니다. 내 입으로 시인하여 고백합니다.

하나님 아버지 이미 고쳐 주신 것에 감사드립니다.

우리는 이미 채찍에 맞음으로 나음을 입었습니다.

모든 병은 고침을 받을지어다!

악한 원수 마귀는 물러갈지어다!

주님께서 고쳐주신 것에 감사드립니다.

수고하고 무거운 짐을 주님께서 맡아주셨으니 감사합니다.
이미 주님께서 해결해 주셨으니 감사합니다.
이미 주님께서 기적을 베풀어 주셨으니 감사합니다. 아멘.

 신유의 기도

우리 주님이여, 주의 능력으로 병을 다 뿌리 채 뽑아 주시옵시고,
병을 멸하시고 하나님이 치료의 생수로 채워 주시옵소서.
성령의 불이 임하여서 모든 육신의 병의 뿌리를 뽑아 주시옵시고,
예수로 말미암아 건강과 생명으로 넘치게 채워 주시옵소서.

너희 악한 병마야! 나사렛 예수 이름으로 명하노니
각자의 몸에서 나오라.
물러가라.
하나님 아들 예수께서 들어오셨으니
너희 원수 마귀는 떠나갈지어다.

하나님 아버지여, 주님께서 모든 성도의 삶 속에 하나님이 복을
주셔서 모든 저주에서 벗어나게 도와주시옵소서.
하나님의 은총과 축복으로 가득하게 하여 주옵소서.

오늘 이 시간에 하나님의 기기묘묘한 능력으로 우리 성도들 가운데 운행하고 역사하고 길을 열어 주시옵시고
모든 삶의 목자가 되어 주시옵소서.
그래서 실패하지 않게 도와주시옵소서.
우리 주 예수그리스도 이름으로 기도 드립니다. 아멘.

085 신유 치유 인사 메시지

우리 이렇게 인사합시다.
예수 그리스도는 치유자이십니다.
예수 그리스도는 어제나 오늘이나 영원토록 동일하십니다.
지금 주님께서 우리의 질병을 만지고 계십니다.
천국에서 만납시다.
천국에 가면 우리 집에 놀러 오세요.
우리는 만나는 사람마다 이렇게 인사할 수 있어야 합니다.
"예수 그리스도는 치유자이십니다."

086 신유 치유 사역기도

머리에 손을 얹은 자마다,

가슴에 손을 얹은 자마다,
몸이 아픈 곳에 손을 얹은 자마다,
예수님의 피를 씻어 주시고 발라 주셔서 깨끗하게 치료하여 주시옵소서.
예수님의 이름으로 명하노니, 우리 몸을 아프게 병들게 하는 더러운 세력은 묶임을 놓고 떠나갈지어다.
마음의 병도 떠나갈지어다.
근심, 걱정, 초조, 불안, 공포 등은 예수님의 이름으로 명하노니 지금 즉시 사라질지어다.
인간관계의 병도 떠나갈지어다.
모든 저주는 떠나갈지어다.
예수 이름으로 명하노니,
예수의 사랑을 막고 방해하는 모든 세력들은 도망갈지어다.

아버지, 일어서게 하옵소서.
아버지, 성공하는 인생 되게 하옵소서.
예수의 이름으로 매고 푸는 역사가 일어나게 하옵소서.
강하게 담대하게 일어서게 하옵소서.
기적이 일어나게 하옵소서. 아멘.

⬤087 묶고 있는 질병을 푸는 기도

우리의 몸을 아프게 고통스럽게 하는 모든 질병아, 떠나갈지어다.
마귀의 세력아 묶임을 놓고 떠나 갈지어다.
질병아 너는 나와 상관이 없노라!
이 시간 성령으로 강하게 이 교회를 끌어 올려 주신 것 감사합니다. 이 시간 성령으로 우리의 삶을 만져주시니 감사합니다.
이 시간 이 교회를 통해서 귀신이 묶어지고 하늘이 풀려지는 역사가 일어나게 하옵소서.
이 성도들로 말미암아 성령이 세상 가운데 가득 차게 하옵소서.
근심, 불안, 걱정, 초조 너는 나와 상관이 없노라.
그러므로 묶임을 놓고 떠나가라.
떠나가라 더러운 영아!

⬤088 믿음의 치유기도

오래 된 병을 고치시다.
  "… 일어나 네 자리를 들고 걸어가라"(요 5:8)
손 마른 사람을 고치시다.
  "… 네 손을 내밀라"(막 3:5)

새 생명을 주신다.

"… 소녀야 내가 네가 말하노니 일어나라"(막 5:41)

"… 청년아 내가 네게 말하노니 일어나라"(눅 7:14)

"… 나사로야 나오라"(요 11:43)

당신의 입에서 나온 믿음 가득한 말들이 사탄을 패배시키고 당신의 영 안에 하나님의 말씀의 실제를 창조한 것이다.

하나님의 말씀은 창조적인 능력이 있다. 그 창조적인 능력은 마음에서 생산되어 혀도 형태가 만들어진 다음, 말의 형태로 입에서 나오게 된다. 즉 하나님의 말씀은 언제나 역사한다.

"… 네 믿은 대로 될지어다"(마 8:13)

 **하나님의 임재와 치유기도**

하나님 아버지 사랑합니다.
주님 축복합니다.
주님 오늘 우리와 함께하시고 임재에 감사드립니다.
주님께서 우리 가운데 역사하시기를 기원합니다.
함께 일어나서 기도하겠습니다.
혹시 몸이 아픈 곳이 있습니까?
지금 여러분이 제사장입니다. 치유가 일어날 것입니다.

손을 얹은 곳을 향하여 "고통이 떠날지어다!" 외치라.
"병은 사라질지어다, 병은 떠날지어다."
치유가 임하도록 선포하라!

090 설교 중에 주신 치유사역하기

성령이 인도하신다면, 설교 중에라도 사역을 할 수 있다.
찬양을 하고 주시는 메시지를 선포한다. 찬양은 반주로 대신할 수 있으며 찬양을 부르며 할 수도 있다. 그리고 성도들은 통성으로 기도한다.

지금 하나님의 말씀을 주심에 감사드립니다.
사랑이 있게 하소서.
가정을 돌보게 하시고, 아내를 돌보게 하시고, 자녀를 돌보게 하시옵소서.
하늘의 권능이 임하게 하옵소서.
하나님의 음성을 주시니 감사합니다.
치유케 하오니 감사합니다.

지금 치유자 그리스도께서 OOO 환자를 치유하고 계십니다.
지금 OOO 환자를 고치시고 계십니다.
(지금 두통 때문에 힘드신 분은 그 자리에서 일어나세요.)

지금 주님이 치료하고 계십니다.

 치유와 축복의 사역 메시지

영성 치유 사역은 성령이 설교 중에 인도하시는 것이다.

설교 중에 성령이 인도하시는 대로 인도한다. 그들을 축복해 줌으로 치유의 역사가 흐르도록 한다.

남편이 교회에 다니지 않고 혼자만이 신앙생활을 하는 성도님들은 지금 일어나세요.
축복해 주고 기도해 주기를 원합니다.
우리가 이제 기도해 주기를 원합니다.
이것이 주님의 마음입니다.

우리는 빚진 자이다. 진짜 이들을 위해 진심으로 기도해야 한다. 이들이 가장 부러운 것이 무엇이겠습니까? 가족이나 부부끼리 함께 교회에 나오는 것입니다.

우리가 위로하고 축복하고 사랑해야 됩니다.
그래야 가정이 회복되게 기도합시다.

영적 쓰레기 청소 사역하는 기도

 **영적 쓰레기 청소 사역하기 ①**

내안에 있는 영적 쓰레기를 처리해야 된다. 그래야 능력도 임하는 것이다.

나사렛 예수 이름으로 명하노니,
혹 내 안에 영적 쓰레기들이 쌓여 있다면,
예수님의 보혈로 깨끗이 청소 되어질지어다!

하나님 아버지시여, 나에게 악 영향을 준 부모, 친척, 조상들을 용서합니다. 나에게 상처나 피해나 저주를 준 것에 대해 용서합니다.
저들을 향한 나의 모든 분노, 쓴 뿌리, 증오, 앙갚음, 복수, 불평 등을 하나님께 내려놓습니다.

주님, 나의 몸의 머리부터 발끝까지 생각과 의지와 마음과 감정과 영혼을 예수의 피로 씻어 주시고, 덮어 주옵소서!

나는 나사렛 예수 그리스도의 이름으로 나의 가계를 통해 침입한 사탄과 그의 부하인 악한 영들과 그들의 모든 활동을 대적하노라. 예수 그리스도의 이름으로 추방하노라.

주님, 나의 삶과 나의 가정을 축복합니다.
당신의 사랑과 능력으로 인해 당신께 감사와 찬양을 드립니다.

 **영적 쓰레기 청소 사역기도 ②**

나사렛 예수 이름으로 명하노니, 혹 내 안에 영적 쓰레기들이 쌓여 있다면, 예수님의 보혈로 깨끗이 청소 되어질지어다!

(1) 당신의 가계에 저주와 악 영향을 가져온 조상을 용서하라
용서를 위한 분명한 결단을 내리는 것이다.

하나님 아버지시여, 나에게 악영향을 준 부모, 친척, 조상들을 용서합니다.
나에게 상처나 피해나 저주를 준 것에 대해 용서합니다.
저들을 향한 나의 모든 분노, 쓴 뿌리, 증오, 앙갚음, 복수, 불평 등을 하나님께 내려놓습니다.

(2) 당신의 죄를 회개하고, 죄에서 떠나는 순종의 결단을 내려라
주님, 나의 몸의 머리부터 발끝까지 생각과 의지와 마음과 감정과
영혼을 예수의 피로 씻어 주시고, 덮어 주옵소서!

(3) 당신 가계의 무단 침입자를 축출하라.
나는 나사렛 예수 그리스도의 이름으로 나의 가계를 통해 침입한
사탄과 그의 부하인 악한 영들과 그들의 모든 활동을 대적하노라.
예수 그리스도의 이름으로 추방하노라.

(4) 하나님의 치유의 능력을 찬양하고 자신 및 가계를 축복하라
주님, 나의 삶과 나의 가정을 축복합니다.
당신의 사랑과 능력으로 인해 당신께 감사와 찬양을 드립니다.

094 주님의 초청하심의 기도

조용히 주님의 사랑과 임재하심이 온 전신에 임하시도록 초청하고 기다린다.

오, 주님, 지금 이 시간에 저에게 임하여 주십시오.
주님, 지금 이 시간에 주님의 이름으로 내 안에 있는 악한 영들을
드러내고 쫓아낼 것입니다.

주님께서 저에게 권세와 능력을 주신 것을 믿습니다.

내 안에 숨어있는 악한 영들아, 내가 예수의 이름으로 명한다.
너는 내게서 떠나가라.

 우두머리 귀신 추방사역하기

사망의 귀신, 파괴의 귀신, 어둠의 귀신, 분노의 귀신, 화(원한) 귀신, 반역 귀신, 거부 귀신, 두려움(공포) 귀신, 죄의식 귀신, 걱정 귀신, 비판 귀신, 강간 귀신, 우울 귀신, 예민성 귀신, 경쟁 귀신, 의심 귀신, 교만 귀신, 허약 귀신, 지배 귀신, 포르노, 알코올, 마약, 폭식, 카페인, 점성술, 점, 요술, 타종교 등등

_____ 영아, 예수 그리스도의 이름으로 너에게 명령한다.
숨지 말고 네 모습을 드러내라!
예수 이름으로 내가 너에게 명한다.
이 세대에서 너의 권세를 깨뜨린다. 그리고 금지한다!

나는 예수 그리스도의 이름으로 모친의 가계를 통해 내려온
_____ 에 관한 저주의 권세를 깨뜨린다.
_____ 영아, 예수의 이름으로 명령한다.

_____ 에게서 떠나서 예수의 발아래 갈지어다.

예수의 이름으로 금하노니, 이 영들 중 어떤 것이나
다시 돌아올 수 없다. 이 사람은 완전한 하나님의 사람이 되었다.
그러므로 다시 들어올 수 없음을 선포하노라.

096 오염된 장소 청소사역기도

오염된 장소를 돌아다니며 권세의 기도를 드린다.
방, 욕실, 화장실, 지하실, 창고 등을 차례로 돌면서 기도한다.
다음과 같이 선포한다.

너는 여기서 더 이상 머물 권리가 없다.
너는 예수 그리스도의 이름으로 명하노니 떠나라! 나가라!
예수의 피로 오염된 장소를 청소하노라.

097 아이들의 방을 영적으로 청소 사역기도

아이들의 방에는 영적으로 악한 영이 들어올 수 있는 많은 것들이 있을 수 있다. 그러므로 부모님들은 아이가 등교 후, 수시로 아이들의 방을 영적 청소하는 사역 기도를 해 주면, 공부에 집중하게 된다.

주님, 이 시간 성령이 우리 OOO의 방에 오시기를 간절히 기도하옵니다. 주님이 우리 가정의 주인이십니다.
그러므로 내 아이의 방에 주인도 주님임을 선포합니다.
주님의 빛과 생명으로 이 방을 채워 주시옵소서.

이 방에 침투하려는 어둠의 세력을 몰아내 주옵소서.
혹 이 방에 붙어 있는 두려움의 영, 낙심의 영, 의심의 영, 반항의 영, 증오의 영을 쫓아내 주시옵소서.
주님께서 이 방을 완벽하게 보호해 주셔서, 악이 결단코 이 방에 들어오지 못하도록 하여 주옵소서.

이 방에 영적으로 문제가 되는 물건이 있으면, 그 효력이 상실되게 하시고, 그 물건을 버리게 하옵소서.
이 방을 하나님의 사랑과 평화와 기쁨의 방으로 채워주옵소서.
예수님의 이름으로 기도하옵니다.

컴퓨터에 손을 얹고 기도합니다.
이 컴퓨터을 통해, 음란의 영, 도박의 영, 게임의 영이 존재하거나 타고 들어오는 것을 모두 예수님의 보혈로 정지하고 파쇄하노라.

예수님의 이름으로,
이 아이의 방에 담배나 본드, 마약 등이 들어오는 것을 차단하고 정지하노라.

 자녀의 질병을 놓고 기도하기

　예수님은 우리 죄를 용서하시며 우리 몸의 질병을 치료하기를 원하신다. (약 5:6) 주님은 치료자 그리스도이시다.
　주님은 야고보서 5장 16절에서 말씀하시기를, 병 낫기를 위하여 서로 기도해야 한다고 하셨다.

> 우리 OOO 가 항상 치료 받고 온전해지기를 위해 기도합니다.
> 질병의 세력이 OOO 인생에 틈타지 못하게 하옵소서.
> OOO 의 몸으로 들어오려는 그 어떤 질병이라도 막아 주시옵소서.
>
> 기도하오니, OOO 의 몸이 아플 때마다 주님의 치료의 권능으로 만져 주시고 완전히 건강하게 회복시켜 주시옵소서.
> OOO 에게 다가오는 어떠한 어려운 지경이나 다칠 위험에서 OOO 를 건져 주옵소서.
>
> 좋은 의사에게로 병원으로 인도하여 주옵소서.

가장 좋은 약으로 치료하게 하옵소서.
담당의사에게 치료방법과 지혜를 주시옵소서,

나사렛 예수님의 이름으로 명하노니,
예수 그리스도께서 친히 OOO 의 질병을 짊어지고 십자가에 못 박히셨으므로 OOO 가 지금 나음을 입었음을 선포하노라.
OOO을 아프게 하는 (질병)이 OOO 의 몸에서 사라질지어다.

보혈의 능력기도

 **예수의 피(The Blood of The Lamb) 기도하기**

　마귀를 대적하는 강력한 무기는 요한계시록 12장 11절 말씀처럼, 하나님의 말씀과 예수의 피만이 증거물이 되는 것이다.
　마귀는 인간의 피를 무서워하지 않으나 예수의 피는 끔찍이도 싫어하고 무서워하고 그에게 뿌려질 때, 일곱 길로 도망치는 것이다. 그리고 마귀의 최대 전략중 하나가 예수 그리스도의 보혈의 능력을 깨닫지 못하게 하는 것이다. 그리고 무디게 하는 것이다. 따라서 지금 명령하라!

예수의 피를 뿌려라!
예수의 보혈에 의지하라!
예수의 보혈의 울타리 속에 거하라!
예수님이 갈보리 언덕에서 흘리신 보혈을 간구하라!
보혈의 능력이 일어나라!
예수님의 보혈로 깨끗이 씻어라!
우리의 영육을 예수님의 보혈로 매일 발라주라!

100 예수 그리스도의 보혈을 주장하라

나사렛 예수 그리스도의 피가 내 마음에 큰 증거가 된다.

마음속에 불의와 부정과 불안과 초조와 공포와 고통을 주는 원수 마귀는 내게서 떠나가라!

잠시 후 원수 마귀가 떠나갈 것이다.

이 더러운 마귀야, 너는 내 말을 들을지어다.
나의 자녀들은 너의 소유가 아니야.
예수의 이름으로 내가 너를 결박한다. 너는 더 이상 내 자녀들을 넘볼 수 없느니라! 꺼져 버려!
야, 이 사단 마귀야! 나는 이제 저주 아래 있지 않아.
나는 지금 예수님의 보혈의 권세 아래 있다!

101 예수 그리스도의 보혈의 능력의 기도

독자 여러분, 필자는 살아서 역사하시는 보혈의 능력과 외침이 단 한 번도 실패하는 것을 보지 못했다. 이 시간 예수의 보혈로 덮어 달라고 기도하라.

예수의 피에 의지함은 능력이 있고, 안전과 보호의 증거가 있다.
예수님의 보혈을 우리 삶 가운데 역사하시도록 기도해야만 한다.

주님, 저에게 주님의 보혈에 관해서 깨닫게 해 주시옵소서.
여기 모인 모든 성도들이 보혈의 신비를 체험하게 하옵소서.
보혈의 피로 우리를 덮어주시옵소서.

- 사탄이 억누르고 있습니까?
  예수의 피로 나를 덮어달라고 기도하세요.
- 우울해지면서 생각이 꽉 막혔습니까?
  예수의 피로 나를 덮어달라고 기도하세요.
- 공포가 내게 밀려와서 힘들게 합니까?
  예수의 피로 나를 덮어달라고 기도하세요.
- 악몽을 꾼 적이 있나요, 누군가 나의 목을 조르는 경우가 있나요?
  예수의 피로 나를 덮어달라고 기도하세요.

예수님의 이름의 권세와 그분의 보혈을 의지하여 사탄에게 명하
노니, 지금 당장 사술의 묶음을 멈추어라!
지역의 사술의 묶음을 멈출지어다.
질병의 사술의 묶음을 멈출지어다.

지금 보혈의 피를 뿌려라!
큰 소리로 예수의 피를 간구하라.
믿음으로 예수의 피를 간구하라.

나는 예수의 피를 간구한다.
나는 여러분에게 예수의 피를 뿌린다.
피! 피! 피!

 보혈에 의지하고 호소하는 방법

다음의 말을 함으로서 원수의 권세를 결박할 수 있다.

너희 중에 약한 자가 하나도 없도다!
내가 예수님의 보혈을 이 상황에 바르노라!
내가 나의 집에 예수님의 보혈을 뿌리노라!
내가 마귀를 어린 양의 보혈로 대적하노라!

어린양의 피로 말미암아 그를 이겼노라!

 예수의 피를 통한 보호기도

예수의 피를 힘입어 보호받고 있음을 고백합니다.
예수 그리스도의 보혈로 오늘 나를 덮으며 예수 이름의 권세로 나의 삶과 모든 영역에 보호와 방어의 권세를 주장한다.
어두움의 영들과 사탄과 그의 세력에게 예수 이름으로 대적하노라.
주의 천군 천사가 나와 나의 삶을 보호할지어다.
그리스도 예수의 보혈로 보호할지어다.
그리스도 예수의 보혈의 능력이 나와 함께 있음을 주장하노라.
예수님의 보혈의 띠로 너를 결박한다.

 어린 양 피의 기도

하나님, 위대하고 선하신 하나님께 무한한 찬양과 감사를 드립니다. 하나님의 어린 양 예수님이 흘린 피의 공로로 저희가 죄에서 자유를 얻었습니다.
아버지, 이런 놀라운 선물을 인하여 찬양을 드립니다.

용서의 능력이 그 피에 있음을 저희가 아옵나니.
모세를 통해 제정하신 유월절과 주님 오실 때까지,
우리 모두가 어린 양 예수의 피에 나아가게 하옵소서.
어린 양 예수의 피 없이는 구원이 없나니
순종하여 죄와 죽음에서 자유함을 얻게 해 주옵소서.
예수님이 베풀어 주신 축제의 선물을 누리게 하옵소서.

105 보혈의 권세로 드리는 기도

예수의 피가 이 땅에 뿌려짐으로 이 땅이 거룩케 되었음을
선포하노라.
잃어버린 땅을 다시 되찾기 위하여 예수의 이름으로
이 장소에 왔음을 선포하노라.
보혈의 권세로 이 땅에
사탄과 그의 졸개들과 그의 저주를 제거하노라.

떠날지어다.
오늘 하나님을 향한 우리의 모든 불순종의 죄를 회개합니다.
용서하여 주옵소서.
모든 잃은 것을 되찾음을 선포합니다.

내적 영혼의 문제를 치유하는 기도

106 근심의 영을 대적하는 기도

악한 영들은 믿음이 부족한 어리석은 사람들에게 항상 근심을 공급하여 그들의 영혼을 사로잡으려 한다. 그러므로 조금이라도 근심이 마음 속에 들어오려고 한다면 그 즉시로 그것을 대적하라.

> 사탄아. 내가 예수의 이름으로 너를 대적한다.
> 내게서 사라져라.
> 나는 아무 대책이 없지만 주님이 나의 주인이시고 왕이시고 나의 후견자이시다.
> 그러므로 나는 근심이 없다.
> 근심의 영아. 물러갈지어다!

절대로 마귀가 좋아하는 말들을 하지 말고 마귀를 끌어당기는 말을 하지 말라.
"큰일 났다. 어떡하면 좋지."
"너 어쩌려고 그러니."
근심의 영이 생기면 주의 이름으로 그들을 대적하라.

107 무기력한 영을 대적하는 기도

악한 영은 생기를 빼앗아 가고, 마음과 생각도 무기력한 기운을 전달한다.
무기력감이 몰려 올 때 주 예수의 이름으로 그 영을 꾸짖고 쫓아라.
무기력해질 때마다, 의욕이 사라지고 생기를 잃어버릴 때마다 거기에 빠지지 말고 대적하라.

나를 지치고 무기력하게 하는 악한 영아,
내가 예수 그리스도의 이름으로 너를 대적한다.
지금 나에게서 나가라!

108 교만의 영을 대적하는 기도

교만한 영을 대적하라. 교만의 영은 하나님을 대적하고 하나님의 영광을 빼앗간다.

마귀야! 물러가라!
나는 이 세상에서 가장 비천하고 부족한 주님의 종이다.
나는 이 세상에서 가장 비천하고 부족한 주님의 자녀이다.
나는 하나님의 신실한 자녀이며, 순종하는 백성이다.

예수의 이름으로 명하노니,
당장 교만의 영은 물러갈지어다.

109. 비판 비난의 영을 대적하는 기도

항상 남의 잘못을 발견하여 비판과 비난하는 사람이 있다.
비판과 비난은 사람들의 영혼을 죽이는 것이며, 가슴에 깊은 상처와 충격을 준다. 비판과 비난의 영은 마귀에게서 오는 것이다. 그러므로 대적해야 한다.

비판과 비난의 영아!
예수의 이름으로 명하노니, 지금 내게서 떠나가라!
나는 아무도 비판하거나 비난하지 않겠다.
오직 예수의 이름으로 자녀를 축복하고 배우자를 축복하고 목회자를 축복하고 교회를 축복할 것이다.
그리고 이 나라를 축복할 것이다.

비판, 비난의 말은 마귀로부터 오는 것으로 파괴하고 죽이는 능력을 가지고 있다. 부모가 자녀를 쉽게 비난하는데 이것은 저주하는 것과 같은 것이다.

"넌 왜 애가 그 모양이니?"
"자식이 아니고 원수다."
"넌 뭘 해도 잘하는 게 없니!"
"너는 엄마 속을 뒤집어 놓으려고 태어났니?"

110 신경질과 짜증의 영을 대적하는 기도

성격적으로 날카로운 사람은 신경질이나 짜증을 잘 낸다. 이 신경질과 짜증의 영은 다른 사람들을 불편하게 만들어 내 안에 짜증의 영이 머물게 된다. 그러므로 그 영들을 대적하고 쫓아내야 한다.

이 악한 신경질과 짜증의 영아!
짜증을 일으키는 영들아!
너희는 내 안에 머물 자격이 없다.
더 이상 너희들은 내 안에 살 수 없을 것이다.

왜냐하면 이 곳은 주님이 거하는 성전이기 때문이다.
이 짜증의 영아!
내가 예수의 이름으로 명하노니, 이곳에서 나가거라!

111 우울함의 영을 대적하는 기도

살다보면 쉽게 내 삶속에 우울한 마음이 들 때가 있다. 이것은 마귀의 침투라고 보고, 즉시 주의 이름으로 이 우울함과 어두움의 영을 대적하라.

이 우울함을 가져다주는 악한 영들아,
나는 주 예수의 이름으로 너를 대적한다.
너를 받아들이지 않겠다.
어서 물러가라!
우울함의 악한 영들아! 떠나가라!

112 염려와 두려움, 근심의 영을 대적 기도하기

염려와 두려움을 물리치면 아래의 하나님의 말씀 언약을 하루에도 여러 번씩 선포하고 고백해야 한다. 그 이유는 하나님이 말씀하신 그 건강과 치유를 얻게 될 수 있기 때문이다.

마귀는 항상 의심과 근심을 느끼게 한다. 악한 영들은 믿음이 부족한 어리석은 사람들에게 근심을 공급하여 그들의 영혼을 사로잡으려고 한다. 그러므로 근심이 마음속에 들어오려고 한다면 즉시 대적하라.

예수의 이름으로 명하노니,
내 안에 있는 염려와 두려움의 영은 떠나갈지어다.

근심의 영아,
내가 예수의 이름으로 너를 대적한다.
내게서 사라져라. 근심의 영아 물러갈지어다.
난 예수님의 보혈의 능력으로 산 하나님의 자녀이다.

113 분노의 영 대적기도

분노의 영이 우두머리 영이다.
이 영 밑에는 두려움의 영, 확대의 영, 상처의 영, 고통의 영 등 여러 영이 일하고 있다.

만일 여기 분노의 영이 있으면, 예수 그리스도의 이름으로 나오라. 네가 숨는 것을 금지한다.
침묵을 지키는 것도 허용하지 않는다.
폭력이나 토하는 것이나 연극을 하는 것도 허용하지 않는다.
외부나 내부에 있는 다른 더 강한 귀신들의 도움을 구하는 것도 금지한다. 분노, 거기 있는가?
분노의 영은 예수의 이름으로 명하노니, 즉시 나가라!

114 무기력을 제공하는 영 대적기도

불면증, 피곤함, 무거움, 졸음, 이것들의 원인은 바로 지나친 피로감에서 오는 것이다. 곧 삶의 무기력감을 제공하게 된다. 일종의 악한 영의 묶임이다. 악한 영을 가지고 있는 사람을 접촉하다가 그 영이 전이된다는 것이다. 이는 우울하고 어두운 기질의 소극적인 성격이 될 수도 있다.

예수의 이름으로 명하노니,
이 악한 불면증, 피곤함, 무거움, 졸음의 영아,
내가 너를 주의 이름으로 대적한다.
지금 당장 내 안에서 빠져 나갈 지어다. 떠나라.

내 안에 있는 소극적이고 내성적인 영은,
예수님의 이름으로 명하노니,
당장 떠나라.

죄, 회개, 구원을 주는 기도

115 죄를 회개하는 기도

주님, 모든 질병과 문제 그리고 죽음과 고통이
나의 죄와 연관이 있음을 고백합니다.
그러나 주님, 나의 믿음을 보시고
나의 모든 죄악을 사하여 주옵소서.
알고 죄든, 모르고 지은 죄든,
주님만이 나의 생명이며 구원자이심을 고백합니다.
주님, 내 마음의 죄까지 회개합니다.
심지어 성령 안에서 기도하지 않는 것을 회개합니다.

116 죄의 문제를 다루는 기도

주님, 알고 지은 죄 모르고 지은 죄를 예수님의 피로 씻어 주옵소서. 그 피가 완전히 죄를 사하는 것을 감사드립니다.
지금 모든 죄와 죄책감을 주님께 드립니다.
이 생각나는 죄에서 해방되기를 원합니다.

(고백하는 시간을 가진다.)

요일 1:9

만일 우리가 우리 죄를 자백하면 그는 미쁘시고 의로우사 우리 죄를 사하시며 우리를 모든 불의에서 깨끗하게 하실 것이요

> 우리가 고백하면 사하신다고 약속하신
> 하나님의 구원을 찬양합니다.

요 20:23

너희가 누구의 죄든지 사하면 사하여질 것이요 누구의 죄든지 그대로 두면 그대로 있으리라 하시니라

> 오늘 나의 모든 죄가 사함을 받았음을 예수 그리스도의 이름으로 선포하노라. 예수 그리스도의 권세로 나의 죄악과 죄책감을 바다 깊은 곳으로 던지노라.

❶⓱ 십자가의 은혜로 구원 받음

> 죄악에서 구원받았습니다.
> 질병에서 구원받았습니다.

저주와 가난에서 구원받았습니다.
오늘도 나를 구원하시고 죄를 사하시는 하나님을 감사합니다.
오늘도 나를 치료하시는 예수님을 감사합니다.

오늘 주님이 나의 모든 질고와 저주를 물리쳐 주심을 감사합니다.
모든 저주와 나는 상관없는 사람인 것을 감사합니다.
모든 가난을 청산하시는 부요의 하나님을 감사합니다.

118 회개의 기도

모든 하나님의 임재가 임하기 전에 확인되는 것이 회개의 기도이다.

이 땅에서 행해진 모든 죄를 회개합니다.
세대 간에 이루어진 죄와 하나님을 슬프게 한 모든 마음과 입술과 행위의 죄 의식적으로 행하여 진 모든 죄와 무의식적으로 행하진 모든 죄악을 회개합니다.

119 회복의 기도 – 사랑의 결핍

기도하라. 기도로 사랑의 결핍을 해결하고 치료할 수 있다.
지금 아래의 항목에 따라 기도하라.
사랑의 결핍으로 생긴 문제가 해결될 것이다.

모든 문제의 원인은 사랑의 결핍으로 인한 결과이다.

주님, 사랑의 결핍의 문제가 해결 되게 해 주옵소서.
주님, 사랑의 결핍으로 생긴 모든 문제에,
 주님의 사랑으로 가득 채워주옵소서.
주님의 사랑으로 회복시켜 주옵소서.

❿ 회복의 기도 – 사랑의 회복

오늘 흔적도 없이 예수의 이름으로 아름다운 관계가 이루어질 것이다. 그런데 이 모든 것의 치료의 방법은 바로 '하나님의 사랑'이다.

병 고침 받지 못하는 사람 중 많은 사람에게 '사랑의 문제'가 있는 것이다.

내적치유가 필요한 많은 사람들의 문제와 원인이 바로 '사랑'이다.

그래서 예수님은 말씀하셨다. "너희 사랑을 서로 고백하라"

사랑할 때, 역사가 일어나는 것이다.

사랑의 결핍 때문에, 병 고침을 받지 못하는 것이다.

이웃을 사랑하지 못한다. 동료, 형제, 자매, 가족을 사랑하지 못하는 것이다.

이 시간 사랑을 주셔서, 사랑의 치유가 일어나게 하옵소서.

이 시간 깨끗하게 끊어질 지어다!
모든 저주와 고통이 끊어질지어다!
예수님, 부어 주옵소서.
주님을 능력을 더 부어주옵소서. 할렐루야!
(방언으로 기도하고 찬양이 있다)

미워하면, 용서하면- 영생이, 생명이 거하지 않는다.
영생이, 생명이 치유하는 것이다.
영생이, 생명이 치유하고 자유케 하는 것이다.
영생이, 생명이, 치유하고 자유케 되고 능력을 주는 것이다.

예수의 이름으로 파괴와 사랑의 관계가 회복되게 하옵소서.
그리스도의 능력으로 임하게 하옵소서. 함께하여 주옵소서.
성령이 소리 없이 임하여 질병을 고쳐 주옵소서.
질병이, 고통이, 염증을 치료해 주십니다.
OUT!, 나갔다!
신체의 뼈마디와 근육이 창조의 원래대로 완벽하게 되돌아 갈지어다.
예수의 이름으로 완전히 고쳐주신 것을 선언합니다.

함께 찬양하라.

손을 들어 찬양하라.

춤을 추며 찬양하라.

손을 들어, 춤을 추며, 방언으로 경배하라.

주여, 예수의 이름의 기도

예수의 이름을 부르고 외치는 기도는 주님의 영광이 임하는 강력한 도구이다. 그러므로 은혜가 임하는 한 방법임에는 틀림이 없다. 그래서 주님을 경험하고 구원을 맛보는 것은 아주 간단하다.

지금 이 자리에 **주님의 감동과 권능의 임재**가 강력하게 나타나는 것은 주님의 임재를 사모하는 곳에만 역사하시기 때문이다. 그러므로 '예수'라고 부르는 행위는 그냥 부르는 소리가 아니고 주님을 인격적으로 모시고 **그분을 온전히 의지하는 것**이다. 그래서 성경은 누구든지 주의 이름을 부르는 자는 구원을 받을 것이라고 말씀하고 있다.

121 예수 이름의 능력을 구하는 기도

예수 그리스도만이 나의 구세주요, 치유자이심을 고백합니다.

예수 그리스도의 이름은 세상에 일컫는 모든 이름보다 뛰어나고
권세와 능력이 있음을 믿습니다.
예수 그리스도의 이름을 부를 때,

하나님의 영광이 임하심을 믿습니다.
예수님의 이름을 부를 때, 주님께서 역사하심을 믿습니다.
예수 그리스도의 이름은
그 무엇이든 해결하고 치유하고 창조할 수 있습니다.
주님의 이름을 부를 때, 임재하심을 믿습니다.

122 주여~, 주여~ 외침의 기도 ①

로마서 10장 13절을 보면, "누구든지 주의 이름을 부르는 자는 구원을 받으리라"는 말씀이 있다. 즉 주의 이름을 부르는 자는 구원, 능력, 기도의 응답이 임한다는 것이다.

'주여!' 삼창으로 기도합시다.
주의 이름을 부르면 능력이 임합니다.

주여! 주여! 주여! 주여! 주여! 주여!
주여! 주여! 주여! 주여!

123. "예수님~, 예수님~" 침노의 기도

천국을 침노하기 위해서는 일어나서 침노해야 한다.

마태복음 11장 12절 말씀이다. "세례 요한의 때부터 지금까지 천국은 침노를 당하노니 침노하는 자는 빼앗느니라".

천국은 앉아서, 누워서 침노할 수 없으며, 일어나서 침노할 수 있는 것이다. 침노란 열렬한 열정과 영적 과격한 행동을 말하는 것이다.

기도할 때, 일어나서 '예수님!' 10번을 크게 외치고 기도하는 것이다. 힘차고 능력 있게 '주여!' 외친다.

예수님! 예수님! 예수님! 예수님! 예수님!
예수님! 예수님! 예수님! 예수님! 예수님!

124. 주여~ 호흡기도

주님의 이름을 부르는 호흡기도는 영적인 것이고 주님이 임재하시는 통로가 된다. 이 호흡 기도를 통하여 그의 영혼이 깨어나고 주의 임재에 대하여 민감해질 수 있다.

호흡이 없는 것은 죽은 것이다. 들이마시는 호흡은 일종의 영적인 충전과 같고, 내보내는 호흡은 영적인 정화인 것이다. 그러므로 숨을 내뱉는 것은 인체 안에 있는 각종 부패한 요소를 밖으로 내보내어 정화시키는 것이다.

호흡은 들이마심과 내보냄으로 이루어진다. 들이마심은 생명의 충전을 위한 것이며, 내보냄은 부정적인 에너지의 배출을 위한 것이다.

주여~
예수 그리스도
성령님!
주님!

가난과 재정의 파탄의 저주 끊기

125 경제적인 궁핍을 이기는 기도

다음의 기도문을 담대하게 그리고 권위 있는 음성으로 선포하라. 기도하라. 시공간을 초월하여 초자연적인 치유와 기적을 경험하게 될 것이다. 부요와 형통의 복을 누릴 것이다. 분명 가난과 재정 파탄의 저주가 끊어질 것이다.

경제적 궁핍의 상황에서도 적용되는 원리가 있다.

궁핍의 첫 징후가 보이면 담대하게 다음의 대적의 말을 선포하라. 이 가난과 재정을 이기는 기도를 통해 많은 사람들이 부와 풍요를 누리고 있다.

예수의 이름으로 내가 네게 명령하노니,
가난은 당장 내게서 떠날지어다.
가난과 궁핍은 나와 아무런 상관이 없노라.

나의 하나님이 가난과 궁핍의 필요를 채우신다!
부자의 영이 강력하게 임할지어다!
부유의 법칙이 내 삶에 적용될지어다.
이 시대의 불황과 경기침체는 나와 상관이 없다.
그러므로 난 형통의 축복이 임할 것이다.
가난은 떠나갈지어다.

내가 예수 그리스도의 이름으로 강력히 명하노니,
실패는 물러갈지어다. 그리고 형통과 물질의 축복이 임할지어다.
모든 빚은 청산될지어다. 변제될지어다.
주님의 이름으로 명하노니,
내가 하는 모든 일이 잘 될지어다.

예수님의 이름으로 명하노니,
나의 삶에 존재하는 황충을 금하노라.
나의 재정적 부요를 가로막고 있는 모든 방해물과 장애물은 제거될지어다.

126 지갑과 통장을 다스리는 영적기도

우리는 가난과 재정 파탄에서 속량 받았다.
아브라함의 복은 나의 것이다. 이렇게 큰 소리로 고백하라.

(수입 통장이나 지갑을 꺼내어 테이블에 올려놓는다.)
나는 하나님의 지혜로 충만합니다.
하나님께서 나의 재정문제에 관하여 나를 모든 진리 가운데로 인도하십니다.
그러므로 나의 모든 계획은 성공으로 이루어지고 있습니다.

지갑아, 통장아, 내 말을 들을지어다.
내가 너희에게 말하노라. 너희는 나에게 순종할 것이라고 예수님이 말씀하셨다.
주 예수 그리스도의 이름으로 명하노니,
내가 너희에게 선포하노니

가난은 떠날지어다. 재정의 궁핍은 물러가라.
나는 이 땅에서 부와 형통을 누릴 권세를 지녔노라.

우리 가정에서 불필요한 지출은 막아질지어다.
돈을 빼앗아가는 사탄은 떠날지어다.
늘 쓰고도 남을 만큼 풍족한 통장과 지갑이 될 지어다.
예수의 이름으로 명하노니, 너희는 나에게 순종할지어다.
한 번 들어온 돈은, 절대로 새는 일이 없음을 선포하노라.
물권을 다스리는 자녀의 통장과 지갑은 풍요의 통장과 지갑이 될 지어다.

사건이나 사고로부터 보호하여 불필요한 지출은 정지할지어다.
가난은 떠나라!
가난은 물러갈지어다!
(서로)너에게서 가난은 물러갈지어다!
거지의 영은 떠나가라!
가난의 영은 떠나라!
그리고 아브라함의 복이 임할지어다.
형통의 복을 누릴지어다.

127 빚을 청산하고 부채를 탕감하는 기도

이 기도를 하고 빚이 청산되고, 부채가 탕감되었던 사람들의 간증을 들었다. 믿음을 가지고 담대하게 선포하라.

저당 증서, 어음, 신용카드 청구서, 대출지불 청구서, 체납 청구서 등 당신의 빚을 표시하는 모든 문서들을 앞에 펼쳐 놓으라. 그런 다음, 하나님의 말씀의 권세를 믿고 선포하라.

예수의 이름과 하나님의 말씀의 권세에 의지하여 명하노니,
빚이 갚아지리라. 모든 빚들은 청산될지어다. 변제될지어다.
사정이야 어째든, 현재의 모든 빚은 사라질지어다. 갚아질지어다.

빚아! 나의 과거의 잘못을 인정한다.
그러므로 모든 빚은 완전 변제되고 청산될지어다.
나와 관련된 모든 빚은 사라지고 없어질지어다.
지금 모든 빚은 취소되거나, 없어졌음을 선포하노라.
빚아!, 내가 예수의 이름으로 너에게 명하노니,
변제되고 청산될지어다. 사라지고 없어질지어다.

예수 이름으로 명하노니,
돈이 들어와서 이들 외상값이 지불될지어다.

예수의 이름으로 명하노니, 지불이 완료될지어다.
기대하지 않았던 돈이 들어올 지어다.
하는 일이 대박이 나서, 빚이 청산될 지어다.

나의 재정적 부요를 가로막고 있는 모든 악한 세력을 결박하노라.
나는 가난의 저주에서 속량을 받았느니라!
나는 눌림에서 해방되었노라!

내가 이제 선포하노니, 예수의 이름으로 명하니, 빚은 들으라.
봉급액은 많아지고 인상될지어다.
나의 봉급이 인상되게 하옵소서.

부채는 탕감될 지어다.
완전히 변제될지어다.
빚이 없어졌음을 지금 선포하노라.
나는 부자다.

128. 매월 지불해야 할 청구서를 위한 기도

여러분들의 각종 청구서들을 식탁 위에 올려놓으라.
그리고 그것에 믿음으로 손을 얹고 큰 소리로 선포하여 기도하라.

매월 지불해야 할 청구서가 밀리지 않고 제 때에 지불되는 축복을 누리 것이다.

예수님! 예수님의 영광을 기대합니다.
예수님의 능력대로 그 풍성함을 누리게 하옵소서.
이 달에 쓸 것을 넉넉히 채워주옵소서.
하나님은 나를 채워주시는 원천이시므로 나에게는 모든 것이 넉넉하여 적시에 청구서를 지불 할 수 있음을 선포합니다.
내가 나사렛 예수 그리스도의 이름으로 명하노니,
매월 지불되는 청구서의 지불이 완료될지어다.

129 물권을 제어하는 기도

나의 삶을 통해 하나님의 영광을 떨치기를 원하오니,
물권의 능력이 임할지어다.
예수님의 이름으로 명한다.
물권이 방향을 바꾸어, 나의 일과 일터에 강력하게 임할지어다.
나사렛 예수 그리스도의 이름으로 명하노니,
물권의 능력이 나에게 임할지어다.
물권의 역사는 일어날지어다.

130 외상값을 받기 위한 기도

다시 한번 담대하게 권위 있는 음성으로 선포하라.

만일 당신에게 돈을 갚아야 할 사람들이 있다면, 수시로 믿음으로 갚아야 할 상대의 재정이 풀리도록 기도해야 한다.

그래서 재정이 풀어져 그 재정이 당신에게 흘러오도록 해야 한다.

먼저 당신에게 빚진 자들의 이름과 돈을 자세히 목록을 만드시기 바란다. 그리고 그 목록을 당신 앞에 놓고, 그것에 손을 얹고 선포하고 기도하라.

> 내가 나사렛 예수 그리스도의 이름으로 명하노니,
> 나에게 빚을 진 재정들은 들을지어다. 지금 재정이 풀릴지어다.
> 예수의 이름으로 명하노니,
> 이 돈이 들어와서 이들 외상값이 지불될지어다.
> 땅에서 풀려서 하늘에서도 풀릴지어다.

131 소유자산, 땅, 집, 자동차를 위한 기도

> 예수의 이름으로 명하노니, 내 말을 들으라.
> 너가 나에게 순종할 것이라고 예수님께서 말씀하셨다.
> 너는 팔려서 누군가에게 축복이 될 것이다.

예수의 이름으로 명하노니,
팔릴지어다. 좋은 가격으로 팔릴지어다.
내가 가진 소유자산에게 지금 명하노니,
지금 당장 나에게로 나올지어다!
천사들은 나를 위해 일할지어다.
천사들은 하나님의 영광을 위해 나를 도울지어다.

집들아, 지금 내 말을 들을지어다.
내가 너희들에게 말하노니, 누군가가 집을 보고 감동을 받고, 축복을 주는 집이 될지어다.

그러므로 하나님의 말씀의 권세에 의하여 나의 재정적 부요를 가로막고 있는 모든 세력을 결박하노라.
예수의 이름으로 모든 방해물을 제거하노라.

132 봉급이 올라가기 위한 기도

당신의 월급봉투에 손을 얹고 이렇게 선포하라. 봉급이 올라가는 축복이 임할 것이다. 뿐만 아니라 진급도 될 것이다.

예수의 이름으로 명하노니,

나의 회사와 사장님은 하나님의 축복을 받을지어다.
눌림에서 해방될지어다.
나의 직업을 축복하며 성실함과 근면함 그리고 부지런함으로 일할지어다. 그 성실함으로써 믿음으로 행하게 하옵소서.
마치 나의 회사처럼 직원이 아니라 주인처럼 일하게 하옵소서.

하나님, 이 직장을 주심에 감사드립니다.
내가 직장과 사장님을 위해서 기도하지 못했습니다.
우리 사장님을 축복합니다.

내가 예수 그리스도의 이름으로 선포하노니,
 나의 봉급액은 많아지고 인상될지어다.
더불어 직장에서 진급이 일어날지어다.
 나는 하나님을 신뢰하오니,
내 삶에 풍성함이 임하게 하옵소서.

133 일자리와 취직을 위해서 기도

하나님은 내가 잘 되는 것과 부요하기를 원하신다.
내 안에 있는 모든 부정적인 것들을 예수님에게 옮긴다.
모든 부정적인 제한적인 것들을 버린다.

지금 당장 제거한다.

나는 하나님의 가능성을 모두 열어두노라.
완전하고 만족스러운 보수가 좋은 직장이 나를 받아 줄지어다.
예수의 이름으로 명하노니,
나의 전공과 이력을 보고,

꼭 필요로 하는 직장과 일자리가 마련될지어다.
취직이 될지어다.

134 비만의 영(과식) 대적기도

음식을 많이 먹으면 영혼의 감각이 둔해지기 때문에 포만감보다는 일시적으로 허무함이나 좌절을 느낀다. 그리고 영을 둔하게 만든다.

나는 비만해지도록 너무 많이 먹고 싶지 않다.
나는 내 몸을 하나님께 드린다.
내 몸은 내 안에 계시는 성령의 전이다.
나는 나의 것이 아니고 값으로 산 바 되었으니,
예수 그리스도의 이름으로 너무 많이 먹는 것을 거부하노라.

예수 그리스도의 이름으로 내 몸은 안정이 되고,
하나님의 말씀에 따를 지어다.
나는 내 몸의 욕구를 억제하되, 내 몸은 하나님의 말씀과 협력할
지어다.
나사렛 예수 그리스도의 이름으로 명하노니,
비만의 영은 음식을 과식하지 말지어다.

예수의 이름으로 명하노니,
내 안에 있는 과식의 영은 떠나갈지어다.

135 도박의 영 대적기도

연예인 중에 도박의 영에 묶이고 도박의 영에 빠져서 패가망신이 된 사람을 잘 알고 있다. 도박에 중독된 사람들은 그로 인하여 가정이 파괴되고, 삶이 파괴된다. 도박에 중독된 사람들은 이미 마귀의 포로가 된 것이다. 원인으로는 상처와 억눌림이 있는 사람들이 도박의 유혹에 빠질 수 있다.

나사렛 예수의 이름으로 명하노니,
내 안에 있는 도박의 영은 떠나갈 지어다.
도박의 영은 지금 당장 떠나라.
떠나라.

136 5장 6부의 강화기도

우리의 몸의 5장 6부에는 매우 중요한 몸의 기능들이 있다. 나의 생명을 지탱하는 기능들을 강화시켜야 한다.

 5장 6부야!
 너에게 믿음의 말씀을 선포하노라.
 모든 내장은 완전한 기능을 발휘할지어다.
  너는 성령의 전이기 때문이다.
 그러므로 주 예수 그리스도의 이름으로 명하노니,
 그의 거룩한 말씀의 권세로 치유되어 온전해질지어다.
 5장6부의 기능은 정상이 될지어다.

137 음란의 영 대적기도

음란한 생각과 충동이 더러운 영으로 인식하라.
음란을 공급하는 매체나 문화를 가까이 하지 말라.
나의 영을 강하게 하기 위해 부르짖는 큰 소리로 기도하는 것이 좋다.
때론 운동을 하여 땀을 흘리는 것도 좋다.
 더러운 이야기를 즐기는 사람을 멀리하고, 지속적으로 음란한 영을 대적하라.

예수의 이름으로 명하노니,
음란한 영과 더러운 영은 지금 즉시 떠날 것을 명령하노라.
떠날지어다.
음란의 생각은 소멸될지어다.

 성범죄를 치유하기 위한 대적기도

거룩하신 주님,
이 시간 성적 범죄, 음란한 삶, 음란한 생각, 포르노 잡지와 영상 접속을 끊어 주시기를 원합니다.
내 안에 있는 음란 영들을 추방하여 주옵소서.
나는 성적 피해를 준 모든 사람들을 용서합니다.
이 시간 거룩하지 못한 몸과 혼과 영의 묶임을 끊습니다.

이제 불경건한 혼의 묶임이 만든 악한 영들의 공격을 차단하고,
악한 영들이 준 음란의 영을 예수의 이름으로 추방합니다.
성적인 죄로 인해 더럽혀진 몸과 마음과 감정과 의지를 예수님의 피로 정결케 하여 주옵소서.
예수님의 이름으로 기도합니다. 아멘.

139 무좀을 일으키는 영을 대적기도

무좀의 원인은 게으름이나 과식에서 오는 것이다.

물론 씻지 않아도 올 수 있다. 또한 운동부족이나 잘못된 생활습관에서도 올 수 있다. 무좀의 영을 꾸짖으며 대적하여 기도하라.

예수의 이름으로 나의 무좀을 꾸짖는다.
무좀은 들을지어다.
지금 즉시 떠나라, 원래의 발로 되돌아올지어다.
예수의 이름으로 깨끗이 치유될지어다.
무좀은 말라 죽을지어다.
무좀 바이러스는 소멸될지어다.

140 부흥의 기도

대적기도를 하면 부흥이 일어난다. 성령충만한 삶이 된다.

이 성전에 계속하여 성령이 충만하게 하옵소서.
이 성전에 성령이 찾아오게 하옵소서.
이 교회의 성령의 부흥이 전 세계로 뻗어나게 하옵소서.
성령의 불의 역사가 나타나게 하옵소서.
성령의 불이 OOO 님의 삶 가운데 넘쳐나게 하옵소서.

OOO 님의 입술을 사용하시되 하나님의 능력의 말씀이 선포되게 하옵소서.
주님, 기도하는 곳마다 부흥의 열매를 맺게 하옵소서.

141 하나님과 대화식 기도

이 기도의 방법은 하나님께 기도할 시간이 충분하지 않을 때, 시간이 날 때 마다 시간과 장소를 가리지 않고 기도하는 것이다.
걸어 다니면서 하나님과 대화하듯이 기도하는 것이다.

온유하신 예수님, 나에게서 성령님을 거두어 가지 말아주세요.
네!(순종의 대답기도)
성령님!
제가 결코 주님께 불순종하는 일이 없게 해 주세요!
그는 나의 전부입니다.

142 충만한 기름부음의 기도하기

수시로 기름부으심을 놓고 기도하라. 내게 마르지 않는 충만한 기름부음이 임하게 된다.
"지금, 담임 목사님을 통해서 기름 부으심을 받게 될 줄 믿습니다.
이 시간 두 손을 다 들어 주실까요.

이 시간 여러분에게 기름부음이 임할 수 있도록 기도하실까요.
잠깐 머리 숙여 기도하겠습니다. 하나님의 사랑이 여러분을 이끌어 갈 수 있도록 기도하시기 바랍니다."

살아서 역사 하시는 하나님 아버지,
위대하신 하나님, 그리고 성령님!,
우리의 삶에 그리고 OOO 교회에 강력하게 개입하여 주시옵소서.
계속하여 부흥의 기름부음이 넘쳐날 수 있도록 도와주시옵소서.
하나님은 능력입니다.
하나님의 능력이 임하게 하옵소서.
그리고 이 시간 이 자리에 넘쳐나게 하시고,
하나님의 영광이 나타나게 하옵소서.

이 성전에 성령이 충만하게 하옵시고,
이 교회에 계속해서 부흥이 찾아오게 하옵소서.
이 교회와 목사님의 영성이, 전 세계로 뻗어 나아가게 하옵시고,
성령의 불의 역사가 나타나게 하시되,
목사님 삶 가운데 넘쳐나게 하여 주옵소서.
이 시간 기도 하옵기는,
목사님의 입술을 사용하시되, 하나님의 능력의 말씀이 선포되게

하옵시고, 듣는 자들이 하나님의 능력을 경험하게 하옵소서.
이 시간에 하나님의 음성을 듣기 위해 나온 성도들에게 주님의 음성을 듣게 하옵시고, 물질로, 봉사로, 기도로 영광 돌린 성도들 삶 위에 한없는 은혜와 능력을 부어 주옵소서. 아멘.

143 천사를 초청하는 기도

천사란 무엇인가?

천사란 정말 실재하는 존재인가? 천사는 신화나 동화, 혹은 문학이나 예술의 영역에 속하는 것이라고 믿는 기존의 관념에서 벗어나야 할 것이다.

천사는 단지 시나 동화의 세계에 속하는 공상적인 존재가 아니라, 구원의 역사 가운데 중요한 역할을 완수하는 존재임을 알아야 한다.

오랫동안 '천사적 박사'라는 칭호가 붙여졌던 13세기 교부 '토마스 아퀴나스'는 분명히 천사의 존재를 인정하였다.

천사의 원래의 말, 그리스어의 '앙겔로스'는 '사자', '고지자'를 뜻한다. 성서에서는 하나님께 봉사하고 하나님의 메시지를 인간에게 전하며 하나님의 명령을 실행에 옮기는 천상적 존재이다.

> 오늘 이 장소를 성령의 불로 덮어주시고 예수의 피로 덮으시고 예수님의 진리의 빛으로 덮어주옵소서.

힘 센 천사들을 이 장소에 보내주옵소서.
오늘 이 땅을 예수님의 이름으로 정화합니다.
오늘 이 곳을 예수님의 보혈로 정화합니다.
예수님의 보혈이 떨어짐으로 이 땅은 거룩한 땅이 될지어다.
이 성전은 거룩한 성전이 될지어다.

사탄이 가져온 저주를 차단하노라.
사탄과 그의 졸개들과 저주를 추방하노라. 떠날지어다.
악한 사탄과 졸개들에게 예수의 이름으로 경고한다.
너희들이 가져온 저주를 대적한다. 떠날지어다.
너희들의 일과 계획을 파괴하고, 이 땅에서 예수의 이름으로 추방하노라.
이 땅에 너희들이 머무를 권리를 예수님의 권세로 깨뜨리노라.
너희들이 이 땅에 다시 돌아오는 것을 금지하노라. 떠날지어다.

144 축복으로 채우는 기도

축복으로 채우는 기도를 하루에 3번씩 하라.

사랑으로 채워주옵소서.
기쁨으로 채워주옵소서.

믿음으로, 치유의 능력으로, 희락으로, 정결과 거룩으로 채워주
옵소서.
인내와 화목으로 채워주옵소서.

이 장소를 하나님께 드리나이다.
축복으로 채워주옵소서.
하나님께 헌신합니다. 주님이 받아 주옵소서.
성부와 성자와 성령의 이름으로 거룩한 하나님의 영광이
이 땅에 임하여 주옵소서.
예수님의 이름으로 기도합니다.

145 내려놓는 기도 사역하기

예수님은 우리의 모든 것을 알고 있다.
누구를 미워하는 것, 힘들어 하는 것, 과거의 죄뿐만 아니라 최근의 문제까지 모두 다 알고 계신다. 그래서 주님은 치유하시기 원하신다. 주님의 음성에 귀를 기울이라. 지금 가슴에 손을 얹으라.

난 너를 잘 안다.
난 너를 아주 깊이 알고 있다.
난 너를 너무 잘 알어!

그런데 잘 견디었다. 잘 참았다.
얼마나 힘들었니?
이제 승리할 것이다. 이제 행복과 평안은 네 것이다.
걱정 하지마, 힘들 때도, 내가 너 옆에 있어 줄게.
여기까지 잘 견디었다.

지금, 너무 어려워요. 힘들어요.
잘 알고 있어요!
힘드셨지요, 어려웠지요, 견디세요.
위로합니다, 축복합니다, 사랑합니다.
우리 교회에 필요한 것은 사랑입니다.
우리 가정에 필요한 것은 사랑입니다.
당신을 축복합니다.

〈찬양〉축복 송
너의 영혼 통해, 큰 영광 받으실, 하나님을 찬양, 오 할렐루야~

146 거듭남의 기도

주여, 이 시간 나를 구원해 주시옵소서.
거듭난 자 되기를 원합니다.
나는 죄인입니다.
나를 불쌍히 여기시옵소서.

하나님, 나는 죄인입니다.
나를 구원해 주시니 감사합니다.

요한복음 3장 3절의 말씀을 고백하라. 진실로 진실로 네게 이르노니 사람이 거듭나지 아니하면 하나님의 나라를 볼 수 없느니라
아멘.

147 축복의 말을 나누는 기도

축복기도를 통해 하나님의 은혜와 축복을 누리자. 그러기 위해서는 축복의 말을 나누어야 한다.

000님, 오래오래 사세요.
제가 잘 해드릴게요.

하나님이 하실 것입니다.
하나님이 반드시 축복해 주실 것입니다.
참 아드님 잘 두셨습니다.
최고가 될 것이다.

하나님이 너를 최고가 되게 하실 것이다.
너는 하나님이 축복해 주실 것이다.
하나님이 함께해 주실 것이다.
하나님이 쓰시는 귀한 인물이 될 것이다.
하나님의 이름을 높이는 귀한 인물이 되어라.
너는 하나님의 아들이다. 딸이다.
하나님이 함께하고 계신다.

148 나라를 위한 기도

하나님, 이 나라와 민족 그리고 위정자들을 위해 기도합니다.
이 나라를 치유하시고, 지도자들의 마음을 움직이셔서 이 백성에게 평화와 안정을 주시옵소서.
하나님이 이 나라를 다스려 주시옵소서.
마귀야, 예수님의 이름으로 너에게 명령하노니,

이 나라를 떠나고 이곳에 있는 백성을 내버려둘지어다.
지도자들에게 지혜와 총명의 영이 임하게 하옵소서.
부강한 나라가 되게 하옵소서.
이 나라를 덮고 있는 가난의 영은 떠날지어다.

149 주님 영접 기도

주님을 나의 구주로 영접하기를 원하시는 분은 그 자리에서 일어나 주시기 바란다. 지금 이 책을 읽다가도 마음으로 믿어 주님의 자녀가 될 수 있다. 가슴에 손을 얹고 예수님을 나의 구세주로 영접하면 된다.

사랑하시는 주님, 저는 죄인입니다.
제가 어디에서 와서 왜 살며 어디로 가는지 알지 못하고 방황하며 살았습니다.
오늘 하나님의 부르심을 받고 믿음으로 일어섰습니다.
주님의 자녀 되기를 결단합니다.
믿음으로, 그리고 예수님의 십자가의 보혈로 저의 죄와 허물을 씻어 주시옵소서.
예수님이 저를 위해 죽으시고, 저를 위해 부활하심을 믿으며, 그분을 나의 구주로 모셔드립니다.
지금부터 영원까지 주님과 함께 살겠습니다.

하나님은 내 아버지가 되셨습니다.
예수님은 나의 주주가 되셨습니다.
저는 하나님의 자녀가 되었습니다.
저를 구원해 주시니 감사합니다.
예수님의 이름으로 기도드립니다. 아멘!

 예수님을 구주로 영접하는 기도

사랑하는 하나님 아버지,
나는 예수님의 이름으로 당신께 나옵니다.

주님은 이렇게 말씀하셨습니다.
누구든지 주의 이름을 부르는 자는 구원을 받으리라 (로마서 10:13)
나는 예수 그리스도가 하나님의 아들임을 내 마음으로 믿습니다.

나는 나의 마음으로 믿고
이제 예수님을 나의 주님으로 고백합니다.
그러므로 나는 구원받았습니다.

151. 승리로 이끄는 선포 기도하기

하나님은 살아계십니다.
이 시간 주님을 만나는 체험의 역사가 임할지어다!
주님, 오늘 풍성한 건강의 복을 채워주옵소서.
나는(여러분) 하나님의 위대한 걸작품입니다.

오늘도 이 성전에, 귀중한 시간을 드려 하나님께 예배하기 위하여 나온 여러분들에게 생육의 복, 번성의 복, 정복의 복, 다스림의 복 그리고 충만의 복이 임하기를 축복합니다.

창세기 5장 2절 생명의 말씀을 주셨습니다.
하나님이 사람을 창조하신 이유를 알 수 있습니다.
사람에게 복을 주시려고 만드셨다는 것입니다.
이 축복을 누리시기 바랍니다.

오늘도 이 주일 아침에, 귀중한 시간을 드려,
가치 있는 일을 선택하시어 하나님께 예배하기 위하여 나온 여러분들에게 살아 역사하셔서 치료하시는 예수님을 만나는 축복이 임하기를 축복합니다.

출애굽기 15:26절 생명의 말씀을 주셨습니다.
"하나님께서는 치료의 하나님이심을 믿습니다."

하나님께 예배하기 나온 사랑하는 성도분들에게 하나님께서 주시는 위로의 말씀이 있습니다.
"그의 오른 손에는 장수가 있고, 그의 왼손에는 부귀가 있나니" (잠 3:16)

하나님께 예배하기 나온 사랑하는 성도분들에게 하나님께서 주시는 말씀이 있습니다.
"성령과 지혜가 충만하고 칭찬 받는 사람으로 뽑혀라!" (행 6:3)

사랑하는 가족 여러분, 한 주간도 두루 두루 평안하셨지요?
"당신이 우리 교회의 희망입니다."

"평화"라는 말이 "Shalom"입니다.
이곳에 모인 여러분들에게 주님의 평화가 함께 하길 기도합니다.
우리 양 옆으로 인사합시다.
"주님의 평화가 성도님의 가정에 항상 임하기 기도합니다."
"20____년 한 해도 주님의 평화가 늘 충만하길 기원합니다."

사랑하는 가족 여러분, 한 주일 동안 안녕하셨습니까?

오늘도 하나님의 말씀을 가슴에 새기고 살아가려 노력하는 여러분들에게, 스데반 집사에게 임했던 지혜와 성령이 가득할 것입니다.

"스데반에게 지혜와 성령으로 말함을 그들이 능히 당하지 못했다." (행 6:9)

엘리사는 언제나 하나님을 '살아 계신 하나님'으로 믿고 행하였습니다.

무슨 말을 할 때면, "주께서 살아계심을 두고 맹세합니다." 라고 말을 하고, 다음의 말을 했습니다.(왕하 2:2, 4, 6)

우리 양 옆으로 인사합시다.

"주께서 살아계심을 두고 맹세합니다."
"실물로 보니, 훨씬 더 아름답습니다."

사랑하는 가족 여러분, 한 주일 동안 안녕하셨습니까?

오늘도 하나님의 말씀을 가슴에 새기고 살아가려 노력하는 여러분들에게, 시편에 약속된 주님의 축복으로 가득할 것입니다.(시 1:3)

"그는 시냇가에 심은 나무가 철따라 열매 맺으며, 그 잎이 시들지 아니함 같으니, 하는 일마다 잘 될 것이다."

오늘도 주님을 경외하기 위해서 오신 여러분들에게

말씀으로 현존하시는 하나님으로부터 오는 장수와 부와 영광과 만사형통의 은혜를 누리시기를 기도합니다.

지금 이 순간 성령께서 우리와 함께 해 주시기를 같이 기도드리겠습니다. 이 시간 성령님을 초청합니다.

~

오늘도 일부러 시간을 내어 말씀을 듣는 저희들에게 성령이 주시는 장수와 부와 영광과 만사형통의 은혜를 주옵소서. 아멘!

사역을 위해 기도하겠습니다. 부흥을 위해 기도합니다.

4장

실제적인 생활 대적기도

주의 이름과 능력으로 사탄을 초토화시키는 기도

악한 영들의 움직임에 대해서 알게 될 때,
우리는 인간관계에서의 많은 묶임과 고통에서 벗어나게 될 것이다.
자유롭고 풍성한 삶을 누릴 수 있게 될 것이다.

모든 인간관계 안에서 악한 영들이 장난치고 그 배후에는 악한 영이 있음을 믿으시고 눌려있거나 수시로 화가 나거나 자주 불편한 관계로 만들어지거나 나를 미워하는 사람들이 있다면, 지금 즉시 생활 대적기도를 통해서 악한 영의 활동을 묶고 결박하여 초토화시켜라.

152 예수의 이름으로 악한 영을 저주하고 결박하노라!
귀신아! 까불지 말고 꺼져!
예수님의 이름으로 명하노니 잔소리하고 화를 내게 만드는 영은 남편에게서 당장 떠나가라!
자녀들에게 역사하는 악한 영들아! 예수의 이름으로 명한다.
 묶일지어다!
너를 결박하여 대적한다!

이기는 대적기도 실전 지침서

✤ 주님은 우리에게 권세를 주셨다. 그러므로 권세자는 명령하고 선포할 수 있어야 한다. 자신감을 가지고 분명하게 명령하고 선포해야 한다. 예수 이름의 권세를 가지고 명령하라. 땅과 하늘의 모든 것들이 그 이름 앞에 굴복하게 될 것이다.

- 귀신들에게 명령하라.
- 질병에게 명령하라.
- 자신감을 빼앗가는 의심의 영에게 명령하라.
- 꿈을 갖지 못하게 하는 영에게 명령하라.
- 물질을 놓고 강력하게 명령하라.
- 꼬인 인간관계를 놓고 명령하라.
- 불안증을 놓고 강하게 명령하라.
- 가족을 묶고 있는 영에게 명령한다.

✤ 베드로는 주님이 주신 권세를 갖고 귀신들에게 명령을 하고 쫓아내었고 그들이 항복하는 것을 보았다. 그러므로 당신도 영적 명령하는 기도를 사용해 귀신을 쫓아내라.(행 3:6-8)

대적기도 실습은 예수님의 보혈을 의지하고 믿음을 갖고 일주일동안 생활하면서 대적기도를 적용하는 것이다. 아마도 놀라운 경험들을 나누게 될 것이다. 한 사람도 예외 없이 대적기도의 효과와 열매를 경험하게 될 것이다.

당신도 생활 속의 모든 일들에 대해 조목조목 악한 영을 대적하고 또한 주님으로 충전하기를 되풀이함으로 풍성한 삶을 유지할 수 있다.

〈예수의 이름으로 결박하고 대적기도했더니 나타났던 영적 결과들〉

이기는 대적기도를 가지고 실제의 삶에서 대적기도를 하여 일어났던 많은 영적 결과들이다.

- 평소의 위축된 마음에서 벗어나 자신감이 생길 것이다.
- 집중하게 되고 두려움에서도 자유함을 얻게 될 것이다.
- 남편이 아무 것도 아닌 일에 화를 버럭 내던 사람이 온유한 자로 바뀔 것이다.
- 말로 상처를 주었던 사람들이 변화가 될 것이다.
- 머리가 아플 때 대적기도를 하면 즉시 좋아질 것이다.
- 아이들이 고집을 부리고 반항을 할 때 대적기도를 하면 좋아질 것이다. 그리고 찡찡거리는 아이들도 곧 멈추고 좋아질 것이다.
- 반항기를 맞은 사춘기 학생들도 대적기도를 하면 좋아질 것이다.
- 컴퓨터 게임에 몰두하는 아이들을 위해 대적기도를 하면 곧 멈추게 된다.
- 자기 안에 있는 분노의 영을 대적하면 좋아진다.
- 텔레비전에 빠져 있는 남편을 위해 대적기도를 하면 좋은 결과가 얻을 수 있다.
- 절망적인 마음이 들었을 때 대적기도를 하면 어두움이 사라진다.
- 평소에 두려움이 있었는데 그 두려움의 근원이 악한 영임을 깨닫고 대적하면 좋아 진다.

- 시어머니와의 관계에서 고통과 갈등이 있을 때 그 배후에 어두움과 묶임의 영들을 대적기도하면 좋아진다.
- 공부를 영 하지 않는 자녀들을 위해서 대적기도를 하면 마음을 잡고 공부를 열심히 하게 된다.
- 대적기도를 통해서 사람들의 허리 고통을 치료받을 수 있다.
- 대적기도를 통해서 악몽에 시달리는 고통을 이길 수 있다.
- 대적기도를 통해서 무기력감을 극복할 수 있다.
- 교만, 이기주의, 음주, 담배 등으로 인하여 힘들다면 대적기도를 통해서 좋은 결과를 얻을 수 있다.
- 과거의 왜곡된 기억들도 밝은 기억으로 바꿀 수 있다. 대적기도를 함으로서 말이다.
- 오랜 무기력의 묶임에서 벗어나 수 있다.
- 가족이나 자신의 질병으로부터 치유 받을 수 있다.
- 고질적인 우울함을 떨쳐버릴 수 있다.
- 내 안에 있는 분노와 열등감을 치료할 수 있다.
- 누군가가 밉고 보기 싫은 마음이 있었는데 귀엽고 사랑스러워진다.
- 어둠의 영을 결박함으로 불편했던 가족관계가 회복된다.
- 공부를 방해하는 영을 대적하면 즉시 공부하고 싶은 마음이 생긴다.
- 가난의 영을 대적하면 심령이 뚫린다.

- 어떤 것에 대한 집착의 영을 대적하면 환경이 바뀔 것이다.
- 음란의 영을 대적하면 그 마음이 사라질 것이다.
- 식탐의 영을 대적하면 식욕이 줄어든다.
- 어두운 마음이 들어올 때 대적하면 그 마음이 사라진다.
- 죄책감을 주는 영을 대적하면 그 마음이 없어진다.
- 이유 없이 나를 무시하는 사람이 있어서 배후에 있는 영을 대적하면 해결된다.
- 과거에 안 좋은 기억을 놓고 대적기도하면 과거의 끈이 끊어진다.
- 친구에 대한 서운함을 놓고 대적기도하면 그 마음이 사라진다.
- 심장이 아플 때 대적하면 통증이 사라진다.
- 중독의 영을 결박하고 박살내는 대적기도를 하면 그 효과를 볼 수 있다.
- 남편의 하는 일이 잘 안되고 수금이 안 될 때, 그 관계와 재정을 묶는 악한 영들을 결박하며 대적기도하면 상황이 달라진다.
- 사랑하는 영혼을 위해 대적기도를 하면 주님을 영접하게 된다.
- 꿈속에서 더러움에 끌려 다니거나 더러운 생각이나 느낌이 들어올 때 대적기도를 하면 이 길 수 있다.
- 쓸데없이 우울한 생각이 들 때, 대적하면 기분이 좋아진다.
- 이기는 대적기도를 생활화하면 인생이 역전된다.

153 짧은 예수 이름의 명령기도

아래의 다양한 대적명령기도를 익히고 배워서 생활에 직접 사용해 보라. 놀라운 삶의 변화를 경험하게 될 것이다.

A형

　　____아, 내가 예수 그리스도의 이름으로 네게 명령하노니,
　　____에/게서 떠나갈지어다.

B형

　　____야, 내가 예수 그리스도의 이름으로 꾸짖고 명령하노니,
　　____에서 떠나갈지어다.

C형

　　____야, 내가 예수 그리스도의 이름으로 너를 저주하고 명령하노니,
　　____게서 떠나갈지어다. 그리고 끊어질지어다.

D형

　　내가 예수 그리스도의 이름으로 명령하노니,
　　____ 은 __ 할지어다.

E형

　　내가 예수 그리스도의 이름으로 기도하오니,
　　____ 는 축복을 받을지어다!

F형

　　내가 예수 그리스도의 이름으로 축복하노라,
　　____ 은/는 ____ 하게 될지어다.

154 귀신을 무릎 꿇게 하는 대적기도

귀신을 무릎 꿇게 하는 영적 명령의 능력이, 그 권세가 여러분의 손 안에 있다. 우리에겐 마귀를 제어할 권세와 능력을 갖고 있음을 한시도 잊어서는 안 된다. 지금 예수의 이름으로 담대하게 사용하라. 큰 소리로 선포하라.

사탄아, 나는 믿음으로 우리 집을 겨냥해 포진한 모든 악한 세력을 예수의 이름으로 분산시키고 해산하노라.

우리와 함께 계신 예수 그리스도의 능력이 너보다 크시며, 훨씬 더 강하다.
나의 가족을 해롭게 하는 모든 악한 세력은 도망할지며, 행하는 모든 거짓 된 영적 활동은 결박될 지어다.
지금 모든 활동을 정지하노라.

너의 모든 움직임을 묶노라.
주 예수 그리스도의 피가 그들을 승리하게 하실 것이다.
그러므로 나는 주 예수 그리스도의 권세와 피로 원수를 이기고 그에게 사로잡힌 자들을 되찾는다.
악한 영을 묶고 결박하여 멀리 추방하노라.
지금 예수님의 이름으로 즉시 떠날 것을 명한다.

다시 한 번 그 권세를 사용하라. 믿음으로 무릎 꿇게 하는 대적기도를 선포하라.

이 더러운 마귀야! 내가 너를 주의 이름으로 대적한다.
이 마귀야! 나가라!

155 축귀 사역을 위한 방어기도

귀신 축출을 위한 기도는 다 강력한 영적 명령기도이다. 그러므로 귀신 축출 사역을 하는 사람은 확신에 찬 어조로 권세를 갖고서 강하고 담대하게 명령해야 한다. 그리고 방어를 위한 강력한 영적기도를 해야 한다. 악한 영들을 먼저 결박하고 묶어야 한다. 그래야 보호를 받을 수 있다.

예수님, 나는 당신이 나의 가족을 (이름) 병과 모든 행함과 그리고 사고들로부터 보호해 주실 것을 간구합니다.
우리들의 누군가가 사탄의 저주, 마법, 혹은 주문에 지배 받고 있다면, 예수 그리스도의 이름으로 무효가 될 것을 선포합니다. 그 흐름을 끊어 버립니다.
나는 주님께 우리 모두를 인도하고 보호해 줄 당신의 거룩한 천사들을 보내 줄 것을 간구합니다.
그리하여 우리의 가정과 자녀들을 그리고 일터를 24시간 365일 안전하게 지켜 주실 것을 선포합니다.

지금 예수 그리스도의 이름으로 나는 너에게 이 기도를 방해하지 못하게 명령한다.
나는 너를 (악한 영) 하나님의 아들이신 예수의 이름으로 묶는다.
나는 성령의 칼로 너를 (악한 영) 잘라낸다. 완전히 분리시켜 버린다.

나는 너에게 조용히 지금 떠나기를 명령한다.
예수의 이름으로 당장 묶음을 놓고 사라질지어다.
이곳에 예수 그리스도의 이름으로 명하노니,
악한 영의 어떤 활동도 금지하노라.
내가 예수 그리스도의 이름으로 다시 한 번 명하노니,
지금 나아가라.
예수 그리스도의 이름으로 명하노니,
이 사람 속에 있는 어떤 영도 이 사람으로 하여금 폭력을 행사하게 하거나, 토하거나, 또는 다른 과격한 행동을 하도록 만들지 못할지어다.

"____의 영아, 내가 예수 그리스도의 이름으로 너를 대적한다. 네 정체를 밝혀라."
성령의 권세로 나는 너희들 모두를 묶노라.
예수 그리스도의 이름으로 명하노니, 네가 만일 조상으로부터 유전되어 내려온 귀신들이라면 그렇다고 말하라.
"____영아, 예수 이름으로 명하노니, 너는 떠나가서 예수님 발 앞에 가라."
나는 귀신들이 다시 이 사람에게 돌아오는 것을 금할 뿐 아니라 다시 귀신들을 보내는 것도 금한다.

156 성령의 임재를 위한 기도

영적 귀신들이 외부에 있는 귀신들의 도움을 받지 못하도록 단절시키고 성령께서 온전히 주장하시도록 성령님을 초청한다. 먼저 다음과 같이 기도한다.

모든 사역에 앞서 성령을 의지하며 임재를 놓고 기도하라.

> 이 시간 이 곳에 성령님을 초정합니다. 환영하고 모셔드립니다. 그리고 기대합니다. 성령님 오시어서, 능력과 권세로 임하여 주옵소서.
> 예수 그리스도의 이름으로 너(우울증의 영)를 대적한다.
> 네게 명하노니 정체를 드러내어 내게 말하라.
>
> 예수님과 그의 보혈의 능력으로 사탄아, 너를 에베소서 6장 12절[3]에 따라 묶고서 이 문제에 대해 너의 권세를 깨뜨린다.
> 나는 너의 요새로부터 <우울증의 영>으로 묶은 자매님을 풀어주며 그리고 사탄아, 너의 모든 계획을 예수님의 이름으로 무너뜨린다.

---

[3] 엡 6:12 우리의 씨름은 혈과 육을 상대하는 것이 아니요 통치자들과 권세들과 이 어둠의 세상 주관자들과 하늘에 있는 악의 영들을 상대함이라

아버지여 주님이 뜻이 이루어지기를 원하며 감사드립니다.
예수님의 이름 안에서 그리고 그 권세로 인해 하나님의 뜻이 이루어진 것을 선포합니다.
지금 그 문제가 해결되었습니다.
예수님의 이름으로 승리하였음을 선포합니다.
완전한 자유를 얻었습니다.
예수님의 이름으로 기도합니다. 아멘.

 가족에 대한 권세와 보호와 안정을 주장하라

우리는 가정과 가족 그리고 자녀를 예수의 이름으로 주장할 권리를 가지고 있으며, 어둠의 세력으로부터 보호할 권세를 지니고 있으므로 수시로 선포하라. 그리고 시인하고 고백하라.
하나님은 우리에게 예수의 이름으로 사용할 놀라운 능력과 권세를 주셨다.
그리고 가정의 가장에게 가족을 보호할 권세를 주셨다.

만약 너희 악한 영들이 나의 아내나 아이들을 공격하기를 원한다면, 반드시 나를 통해서 해야 한다.
그리고 나는 너희들의 공격을 허용하지 않을 것이다.

나는 이 가정의 머리인 동시에 내 아내와 자녀들의 보호자이다.
만약 악한 영들이 그들을 공격하려고 한다면, 너희들은 반드시 나를 통해서 해야 한다. 그리고 나는 너희가 나를 공격하는 그 어떤 것도 일절 허락지 아니하노라

예수의 이름으로 명하노니,
악한 영들이 우리 가족에게 어떤 공격도 허용하지 아니하노라!

158 남편의 권세를 주장하라

남편의 권세가 세워질지어다.
만약 너희 악한 영들이 내 아내와 가족을 공격하기 원한다면,
반드시 나를 통해서 해야 한다.
지금 예수의 이름으로 가족의 질병의 영을 우리 자녀 몸에서 끊어내고, 치유를 선포합니다.
우리 가족은 치유를 받았습니다.

159 태아를 축복하는 권세를 주장하라

사랑의 주님, 우리의 아기를 축복해 주시고, 보호해 주세요.

주님의 사랑과 평안과 기쁨으로 충만히 채워주세요.
이 작은 아기를 주님의 포근한 사랑으로 감싸 주세요.
이 아기가 잘 자라고 주님이 원하시는 아름다운 아기로 형성되게 해 주세요.

160 축복하는 권세를 주장하라

나는 당신을 예수의 이름으로 축복합니다.
너희에게 평안이 있을지어다.
예수님의 이름으로 나는 당신에게 평안, 용서, 확신, 염려, 두려움, 죄책감으로부터 해방이 임하기를 축복하노라.
나는 당신을 당신의 문제나 악한 영들이 공격한 부분과 반대로 당신을 축복하노라.

161 하나님의 보호와 안전을 주장하라

나는 운전하는 그리스도인으로써 예수 이름으로 명하노니 나의 안전과 보호를 주장하노라.
그리고 내가 위험이 예상되는 장소에 있을 때, 나 자신을 위한 보호를 주장한다. 예를 들어, 상점이나 마트에 들어가기 전에, 다음과 같이 보호의 주장을 한다.

> 나는 이 가계에 역사하는 사탄의 능력으로부터 예수 그리스도의 보호를 강력히 주장하노라.

다음의 상황에서 하나님의 보호와 안전을 주장하라.
- 내 집과 가정을 위하여
- 여행 중에 호텔에 묵어야 될 경우
- 직장과 일터를 위하여
- 수영장에서(스포츠 센터)
- 말다툼에서
- 자동차, 컴퓨터, 물건들을 위해서
- 사무실과 빌딩, 장소를 사탄으로부터 보호받도록
- 질병과 사고로부터 보호하는 축복기도
- 병균과 바이러스를 향해서
- 친구와의 관계를 위해

162 문제를 놓고 당신의 권세를 입으로 주장하라

만약 이것이 사탄의 장난으로부터 온 것이라면,

당장 중단할 것을 명령하노라!
예수 이름으로 명하노니 사망의 영은 이 몸에서 떠나갈지어다.
내가 예수의 이름으로 이 (문제)의 영을 책망하노라.
당신은 예수님의 이름으로 용서를 받았습니다.
나는 치유를 받았습니다.

예수님의 권세를 보호와 예방을 위해 주장하라

만약 이것이 사탄으로부터 온 것이라면, 당장 멈출지어다.
혹은 사탄은 당장 물러갈지어다.

만약 너 악한 영들은 아내와 자녀들과 그들의 배우자들이나 내 손자 손녀들을 공격하기를 원한다면,
너는 반드시 나를 통해야만 한다.
그것은 내가 우리 대가족의 수문장이기 때문이다.
그렇지만 예수 그리스도의 권세로 너는 나를 통과하여 공격하지 못할 것이다.

그리고 병이나 통증이 당신의 몸에 붙으려고 할 때, 다음과 같은 고백을 하라.

나는 그리스도의 몸이다.

나는 저주에서 속량 받았다.

그러므로 어떠한 질병도, 통증도 내 몸에 역사하는 것을 금하노라. 나는 예수의 이름으로 나는 아프지 않다.

164 영적 기선을 잡는 기도

처음 영적 기선을 잡는 비결은 바로 기선을 잡기 위해 부르짖는 기도 소리로 선포해야 한다. 이는 매우 강력한 힘을 가지고 있다. 다음의 말을 소리 내어 말해보라.

〈실제 원리〉 큰 소리로 부르짖으라

주를 의지하여 담대히 큰 소리로 부르짖을 때, 성령의 강력한 임재와 능력이 일어나는 것이다. 믿음대로 영적능력이 나타난다.

   행 9:20 = "예수가 하나님의 아들이시다."
   행 14:3 = "주를 의지하여 담대히 말할 때,"
   행 14:10 = "큰 소리로 이르되,"
   행 16:18 = "예수의 이름으로 명하노니, 귀신아 떠나가라!"

"나는 지금 기분이 좋다"

"나는 행복하다."

"나는 하나님의 사람이 될 것이다."

"나는 기도의 사람이 될 것이다."

"주님, 돈을 주세요."

"주님, 저 시집가고 싶어요."

다시 한 번, 지금 한번 외쳐보자.

"나는 부자다!"

"나는 할 수 있다!"

"나는 꼭 성공 한다"

"된다!"

"하나님은 살아 계시다."

"사탄아! 떠나가라!"

"예수 그리스도는 하나님의 아들이십니다."

"사탄아, 물러가라!"

"주여~ 주여~ 주여~"

"영광~ 영광~ 영광~"

나는 사람들 앞에서 당당하게 설교할 수 있다.

내가 내뱉는 말들은 능력으로 바뀌어 질 것이다.

나의 목회 미래는 막힌 것이 펑 뚫리는 역사가 일어날지어다.

나는 대단한 능력이 있고, 매일매일 그 능력이 발휘될 것이다.
지금 부정적 이미지는 청소되고, 질병은 치유될지어다.

165 축복을 끌어당기는 기도

전기가 흘러들어가서 가전 상품들이 작동되듯 축복의 말도 그와 같은 법칙이 필요하다. 반드시 이름을 불러주고 가치 있게 존중하여 가능성을 믿고 세워주는 말이어야 할 것이다.

〈축복의 법칙 4가지 원리〉

(1) 이름을 부른다.	(2) 가치를 존중한다.
(3) 가능성을 발견하고 믿는다.	(4) 그리고 세워주는 말을 한다.

"성은이는 지혜로운 사람이다."

"성은이는 마음이 아름답다"

"성은이는 성품이 좋다."

"길성은가 열심히 교회에 나오는 걸 보니까

앞으로 하나님이 귀하게 쓸 인물이 될 거야"

"성은이는 훌륭한 사람이 될 거야"

"성은이는 하나님이 귀하게 쓰실 것이다."

"하나님이 치료의 지혜를 000에게 주실 것이다."
"성은이는 하나님이 높여 주실 것이다."

166 중독에서 벗어나기

하늘의 보좌에 모든 초점을 맞추기 바란다.

담배, 술, 정욕 등의 습관에 잡혀 있는 사람들은 예수의 이름으로 그 중독에서 벗어날 수 있다.

지금 개개인의 돌파가 필요한 분이 많다. 중독에서 벗어나야 할 사람이 있다. 마약이든, 음욕이든, 게임 오락이든, 식탐이든, 음주든, 폭행이든 그 중독으로부터 해방을 받아야 한다.

중독에서 담대하게 돌파가 필요하다.

하나님, 지금 그 중독으로부터 자유케 되기를 원한다.

성령님, 주님의 능력을 풀어주옵소서.
오늘 어떤 중독이든 입술로 선포하십시오.
중독을 버리십시오.
그 중독을 끊습니다.
모든 중독의 영은 예수님의 이름으로 끊어질 것입니다.
파멸시킨다.
떠날갈지어다.

해방될지어다.
아버지 능력을 풀어 주옵소서.

모든 사탄의 권세를 파멸시킨다.
모든 악령들의 영들을 예수의 이름으로 묶노라.

아들의 보혈로 피로 완전히 중독을 끊어 주옵소서.
저의 머리끝에서부터 발끝까지 깨끗케 해 주옵소서.
아버지 기도하옵니다.
성령으로 가득 채워주옵소서.

예수님 사랑합니다.
특별히 편두통을 갖고 있는 사람들의 병을 모두 파멸해 버립니다.
모든 악한 것들을 파멸합니다.
고통을 일으키고 편두통을 만드는 모든 악한 것을 끊습니다.
완전히 끊어질 것을 선포합니다.
모든 주술과 마술의 영은 파멸시킵니다.

가계에 흐르는 모든 저주는 예수의 이름으로 끊습니다.
모든 영광을 박수로 하나님께 영광을 돌립니다. 아멘.

167   자살의 영 대적기도

보통 우울증이 심하면 자살의 충동이 일어날 수 있다.

악한 영들의 최종 목적은 영혼들을 지옥으로 떨어뜨리는 것이다. 누구나 힘들 때 죽고 싶은 생각이 든다. 그 마음이 바로 **악한 영**이 주는 것이다. 혹시라도 마음에 그런 생각이 떠오르거나 주변에 자살의 영에게 사로잡혀 있는 사람들이 있다면 자살의 영을 대적하라.

주님, 나의 마음과 심령을 강하게 해 주옵소서.
주님께 은총을 간구하노라.
예수의 이름으로 자살의 영들은 떠날 것을 선포한다.
내 안에 숨어있는 자살의 영은, 예수의 이름으로 명한다.
지금 나가라!
예수의 이름으로 풍성한 삶과 승리를 주셨다.
예수님의 임재로 채워주셨다.

168   어두움과 실패 그리고 좌절에서 회복하는 대적기도

어두움과 실패와 좌절 속에서 신음하고 있다면, 늘 초조하고 불안하며 긴장된 상태에서 살아가고 있다면, 이 탈진한 내 모습에서 어떠하면, 벗어날 수 있을까?

다음의 대적기도를 드려라.

> 지금 예수의 이름으로 회복하라.
> 내 안에 있는 초조와 불안, 긴장과 혼란, 약함과 탄식, 두려움 등
> 이 어두움의 장난을 예수님의 이름으로 초토화시키노라!
> 내가 승리했음을 선언하노라!
> 예수님의 이름으로, 보혈의 피로, 십자가의 권세로,
> 어두움의 세력을 대적하노라.
>
> 예수님! 오직 주님의 자비와 은혜와 능력으로
> 내 얼굴을 덮어주옵소서.
> 내 주변에 있는 어두움의 세력을 초토화시키며 승리케 하옵소서.

169 땅 밟기 대적기도

장소에 있는 악한 영들을 대적하라.

절이나 무당 집 또는 이단 교회를 지나갈 때마다 그 집에 있는 마귀의 세력을 묶고 결박하는 대적기도를 한다. 그 악한 영들의 능력에 효력이 소멸되도록 기도를 한다. 사실 악한 영들이 역사하는 공간들은 그 배후에는 악한 영들의 힘에 의해서 버티고 있는 것이다.

예수의 이름으로 명하노니,
이 집에 존재하는 마귀와 그의 졸개 악한 영들은 물러갈지어다.
그들의 힘과 효력은 정지될지어다!
그 배후의 악한 영들의 힘은 다 약화될지어다.

예수님의 이름으로 선포하노라.
이 장소를 누르고 있는 악한 영들은 다 소멸될지어다.
그 모든 악한 영들의 활동을 보혈의 능력으로 결박하고 대적하노라.
이 시간 내가 살고 있는 지역과 날마다 다니는 주변의 점집, 술집, 철학관은 문을 닫고 떠날 것을 예수님의 이름으로 명하노라.
아멘

170 군 생활을 하면서 이기는 대적기도

군 생활에서 대적기도를 생활화하는 것은 매우 중요하다. 군 생활은 내가 예기치 못한 일들이 수없이 많이 벌어지기 때문이다. 그러므로 많은 대적기도를 해야 한다. 부모님이나 가족들이 대적기도를 해도 효과는 동일하다.

예수의 이름으로 군 생활을 놓고 기도합니다.
특히 좋은 고참을 만나고 좋은 졸병을 만나게 해 주옵소서.

언제나 긴장된 분위기는 사라지게 하시고,
그 배후에 있는 악한 영을 결박하고 대적하노라.
군 생활에서 많은 묶임과 눌림으로부터 보호받고 해방되어
안전한 삶을 살 것임을 선포하노라.
모든 군 생활의 배후에 있는 악한 영을

지금 결박하고 쫓아버리노라.
악한 영들의 개입을 예수의 보혈로 차단하노라. 아멘.

171 채무의 영에서 벗어나기

   필자도 사업의 어려움으로 많은 채무로 묶음을 당하였다. 그러나 이 대적기도를 한 후 모든 채무의 영에서 벗어날 수 있었다. 채무의 영을 결박하라.

   절약하게 되고, 불필요한 지출을 막아주고, 빚을 갚아나가게 해 주신다. 온전히 주님을 의지하라. 재정 문제를 위해서 과거의 잘못을 반성하고 회개하고 마귀를 대적하는 기도를 하라. 빚이 다 청산되는 역사가 일어날 것이다.

예수의 이름으로 채무의 영을 결박하노라.
내 개인의 빚은 다 갚아질 것이다.

예수의 이름으로 재정의 문제는 회복되고
악한 영들의 권세는 깨질지어다.
보혈의 능력으로 채무의 영을 결박하노라.

172 우울함의 영을 이기는 대적기도

   현대 사회는 보통 우울해질 때가 많다. 그냥 마음이 심란하고 우울해진다. 더 나아가서 삶이 무기력해지고 기운이 없어질 때가 있다. 이것은 악한 영이 주는 것이다. 우울한 기운이 분명 악한 영으로부터 오는 것이다. 그러므로 담대하게 대적하라.
   혹시 생활가운데 마음이 심란하고 어둡고 우울한 상태가 오면, 우울함과 어두움의 영을 결박하라. 이유 없이 우울하고 눌리는 느낌이 들 때 명령 대적기도를 하라.

이 우울함을 가져다주는 악한 영들아,
나는 주 예수의 이름으로 너를 대적한다.
지금 즉시 떠나가라!
우울함의 악한 영들아, 소멸될지어다.
우울함은 떠나라.

173 불안감을 이기는 대적기도

불안감은 우리의 삶을 직접 공격하는 악한 영들의 대표적인 공격이다. 이 불안감에 시달리는 사람은 무엇을 해도 잘 되지 않는다. 사업을 해도 망하고 장사를 해도 잘 되지 않는다. 공부를 해도 잘 안 된다. 무엇을 해도 일이 막히고 꼬인다. 그것은 악한 영들의 장난이다.

늘 걱정과 불안감으로 전전긍긍하고 살고 있다면, 지금 즉시 불안감을 주는 악한 영들을 대적하라. 답답함이 올 때도, 가슴이 조여드는 느낌이 올 때도 주님의 이름으로 악한 영들을 대적기도 하라.

**예수님의 이름으로 악한 영이 주는 불안감은 사라질지어다.
내 안에 하나님이 주시는 평화와 여유로움으로 가득 차게 될지어다. 주님의 임재로 나타날지어다.
평화가 임할지어다.**

174 악몽을 꾸었을 때 대적기도

밤마다 아주 무섭고 더러운 꿈을 자주 꾸곤 하면 그것은 악한 영이 침입하려고 하는 활동이다. 그럴 때는 악한 영들을 대적하고 결박하는 기도를 하라. 대적기도를 하고나서는 주님을 찬양하면 더 이상 악몽은 꾸지 않게 된다.

예수님이 주신 권세와 능력으로
꿈속에 들어 온 악몽을 대적하노라.
주님의 보혈을 뿌리므로 더 이상 악한 영의 장난을 금지하노라.
꿈으로 들어오는 모든 통로를 보혈의 피로 차단하노라.

175 배우자가 폭력과 강력한 혈기의 영을 끊는 대적기도

배우자에게 폭력과 강력한 혈기의 영이 있다면 그 배우자의 상대방은 많은 고통을 받을 것이다. 또한 지배의 영을 가지고 있다면 그 상대방은 고통을 겪게 될 것이다. 폭력이나 혈기, 파괴, 지배와 같은 사람이 아니고 그 사람의 안에서 악한 영들이 역사하는 것이다. 모두 다 악한 영들의 장난이다. 예수의 이름으로 악한 영을 대적하라.

예수의 이름으로 명하노니,
배우자의 안에 있는 악한 영들을 대적하고 결박하고 쫓아내노라.
지금 즉시 폭력, 혈기, 분노는 파괴될지어다.
주님이 주시는 해방과 기쁨을 누릴지어다.

누가복음 10장 17-20절을 말씀으로 축복한다.

칠십 인이 기뻐하며 돌아와 이르되 주여 주의 이름이면 귀신들도 우리에게 항복하더이다 예수께서 이르시되 사탄이 하늘로부터 번개 같이 떨어지는 것을 내가

보았노라 내가 너희에게 뱀과 전갈을 밟으며 원수의 모든 능력을 제어할 권능을 주었으니 너희를 해칠 자가 결코 없으리라 그러나 귀신들이 너희에게 항복하는 것으로 기뻐하지 말고 너희 이름이 하늘에 기록된 것으로 기뻐하라 하시니라

 상한 마음(속 사람)을 치유하고 보호하는 기도

(1) 우리 속 사람의 영혼에 자리 잡고 있는 여러 가지 죄악의 근원을 예수 그리스도의 이름의 능력으로 치유할 수 있다. 먼저 다음의 성경 구절의 말씀을 묵상 기도를 통해서 자신의 믿음을 키울 수 있다.

내가 예수 그리스도의 이름으로 기도하오니,

(나)의 (교만)의 근원을 하나님의 말씀의 검(히 4:12)으로 도려내 주시고,

예수의 피(히 9:14)로 씻어 주옵시고,

성령이 치료하는 광선(말 4:2)과 불(사 4:4)로 태우고 소멸하여 주시옵소서.

(2) 유혹의 영이 역사하지 못하도록 죄악의 근원을 파괴하고 마르게 하는 기도

내가 예수 그리스도의 이름으로 기도하고 명령하노니,

(나)의 (음란)의 근원은 파괴되고 마를지어다.(막 5:29)

(3) 죄악의 근원을 잡고 있을지도 모를 악한 영을 축귀하는 기도
　　내가 예수 그리스도의 이름으로 꾸짖고 명령하노니,
　　(나)의 (고집)의 근원을 잡고 있는 악한 영은 이제 완전히 결박되어 (내)게서 영원히 떠나갈지어다.(마 12:29)

(4) 치유된 죄악의 근원의 자리를 축복의 말씀으로 채우는 기도
　　내가 예수 그리스도의 이름으로 축복하오니,
　　(나)의 (고집)의 근원은 이제 마르고 그곳을 (순종의 마음)으로 충만히 채워 주시옵소서.(마 12:44-45, 요 5:14)

177 상처난 감정의 치유 기도

　우리 인간은 죄로 인해 타락한 감정의 근원 때문에 일상생활 중에서 여러 가지 부정적인 감정을 자주 경험하게 된다.
　예를 들면, 불평, 불만, 불쾌, 분노, 신경질, 짜증, 원망, 못마땅함, 미움 등은 우리 그리스도인들조차도 누구나 쉽게 일으킬 수 있는 부정적인 감정이다.

　　내가 예수 그리스도의 이름으로 꾸짖고 명령하노니,
　　내 안에 있는 (신경질)은 (내)게서 즉시 떠나갈지어다.

내가 예수 그리스도의 이름으로 꾸짖고 명령하노니,
내 안에 있는 (분노)를 가져다 준 악한 영아,
이제 완전히 결박하니 (내)게서 즉시 떠나갈 지어다.
소멸될지어다.

 인간관계의 문제 해결

우리 인간은 매일 인간관계를 갖지 않고는 살 수 없다.

그런데 인간관계 속에서 자주 일어나는 문제가 있다. 수시로 반복적으로 나타나는 여러 가지 문제를 예수 그리스도의 이름을 사용한 기도로 쉽게 해결할 수 있다.

내가 예수 그리스도의 이름으로 명하노니,
(그)는 내 요구에 즉시 순종할지어다.
    친절할지어다.
    허가될지어다.
    적극적으로 협조할지어다.
    자신감을 갖게 될지어다.
    능숙한 언변력을 주시어 이끌게 될지어다.
그러므로 모든 인간관계는 원만하게 풀어질지어다.

악한 영들로부터 받은 모든 이권(利權)을 회개하고 취소하는 대적기도

하나님 아버지,
저는 현재와 과거에 저와 집안 식구들이 우상숭배, 미신, 굿, 점 등을 통해 비술/사술에 참여하였음을 고백합니다.
저와 제 조상들이 사탄에게 맹세하고 서약하고 봉헌한 모든 것을 예수님의 이름으로 회개하고 파기합니다.
하나님 외에 다른 신 혹은 악한 영들에게 기도하여 받은 모든 종류의 유익, 힘, 권리를 회개하고 포기합니다.
저는 악한 영들로부터 '영향력,' '능력,' '인도받는 것,' '지식,' '환상,' '도움' 등을 회개하고 거부합니다.
저는 악한 영들에게 '복종하는 것,' '빌은 것,' '구하는 것,' '접촉한 것' 등 모든 것을 거부합니다.
저는 하나님이 기뻐하지 않는 물건 및 장소의 침범 혹은 거주를 통한 사탄적인 어떤 것과 접촉된 것을 회개하고 끊어버립니다.

저와 제 조상의 죄를 용서해 주시고,
이제 저는 _____가 참된 기독교에 배치되는 것이기에 단호히 버리도록 결단합니다.

저는 또한 사탄이 나와 나의 가정을 공격할 수 있는 사탄의 모든 권한을 박탈합니다.
이 모든 말씀을 사탄의 권세에서 하나님께 옮겨주신 주 예수 그리스도의 이름으로 기도합니다. 아멘.

180 부정적인 영과 혼의 결속에서 해방되기 위한 대적기도

능력의 주님, 나는 내 집과(시댁과 친정)〈처가 집〉과 나와 (남편)〈부인〉이 연결된 모든 인간관계 속에서 하나님이 원하지 않고 허락하지 않는 모든 부정적인 영과 혼의 결속을 예수의 이름으로 차단합니다.
특히 배우자 외에 성적 관계를 통해 영과 혼의 결속된 모든 관계와 하나님의 허락한 관계 거리를 벗어난 어떤 영과 혼의 결속도 부활하신 예수의 이름으로 끊고 차단합니다.

부모나 어떤 권위자와 부정적인 모든 영과 혼의 결속을 예수의 이름으로 끊고 차단하노라.
처녀 때와 총각 때 불장난으로 음란한 죄, 동물과 물건과 이념과 사건과 연결된 모든 부정적인 영과 혼의 결속을 예수의 이름으로 차단하며, 하나님이 원하지 않는 영과 혼의 결속을 통해 사탄이 획득한 모든 힘과 유익과 권리를 부활하신 예수의 이름으로 회개하며 제거하고 파괴하노라.

이런 죄로 지금까지 나와 내 가정을 묶고 있는 사탄은 부활하신 예수 이름으로 명한다.

예수의 발 앞으로 떠나갈지어다.
반면에 하나님이 허락한 건강한 영과 혼의 결속을 통해 진리와 은혜와 능력만이 교통되도록 예수 그리스도의 화해와 축복의 십자가를 모든 인간관계 속에 세우노라.

예수 이름으로 하나님이 허락하신 인간 관계를 사랑과 자유와 평안함으로 축복하노라.
부활하신 예수님 감사합니다.
예수 피로 부활하신 예수 이름으로 기도합니다.
아멘

181 악한 영을 축귀하는 기도

마 12:29
사람이 먼저 강한 자를 결박하지 않고서야 어떻게 그 강한 자의 집에 들어가 그 세간을 강탈하겠느냐 결박한 후에야 그 집을 강탈하리라

내가 예수 그리스도의 이름으로 꾸짖고 명령하노니,
(나)의 (고집)의 근원을 잡고 있는 악한 영은 이제 완전히 결박되어 (내)게서 영원히 끊어질지어다.

182 축복의 말씀으로 채우는 기도

요 5:14
그 후에 예수께서 성전에서 그 사람을 만나 이르시되 보라 네가 나았으니 더 심한 것이 생기지 않게 다시는 죄를 범하지 말라 하시니

내가 예수 그리스도의 이름으로 축복하오니,
(우리)의 (질병) 근원은 이제 마르고 그 곳을 (요한복음 5:14)으로 충만히 채워 주시옵소서.

183 상한 마음을 치유하는 기도

사 53:5
그가 찔림은 우리의 허물 때문이요 그가 상함은 우리의 죄악 때문이라 그가 징계를 받으므로 우리는 평화를 누리고 그가 채찍에 맞으므로 우리는 나음을 받았도다

예수님, 저는 예수님의 언약의 피가 지니고 있는 무한한 치유의 능력을 믿습니다.
예수님의 십자가의 피로 (내) 마음 속에 자리잡고 있는 (교만)의 근원을 깨끗이 씻어 주시고 완전히 멸하여 주시옵소서.
(내) 타락한 마음속 깊이 자리잡고 있는 쓴 뿌리와 악의 근원을 치유해 주옵소서.
예수 그리스도의 십자가 피로 그 타락한 '지 정 의'의 근원을 씻어 주시고, 멸해 주시기기를 기도합니다.

그리고 당신을 위해 기도합니다.
아멘!

5장

영적 인물별 능력의 전투적 기도
산을 옮길 만한 믿음을 가져라

때로는 우리 믿음 가운데 격렬한 전투가 존재한다.
이 책을 읽고 대적과 맞서기 위해 더욱 무장되어라.
전진하는 믿음을 가져라.

인물별, 사탄의 공격을 이기는 대적기도

필자가 영적 전쟁을 계속하여 연구하고 사역하는 것은 신학교에 신유와 축귀라는 과목이 개설되어 영적사역을 가르치는 그날이 급히 오기를 소망하며 이 책을 썼다.

더불어 초자연적인 기사와 표적이 교회 성장에 어떠한 영향을 주는지에 대하여 지속적으로 연구하고자 함이다.

손자병법에 보면 '지피지기면 백전백승'이라고 했다. 그러므로 우리는 반드시 우리의 대적인 '이 어둠의 세상 주관자'를 이기기 위하여 알아야 하고 추방해야 한다.

필자는 영적인 거장들의 삶을 계속하여 연구할 것이다.

앞으로도 영적 거장들의 삶과 사역에 매진할 것이다. 그리고 이들의 위대한 사역을 통해 하늘나라 건설에 힘을 보탤 것이다.

이곳에는 교회의 회복과 영성 운동을 하는 지도자들의 기도의 글을 열거하여 담았다.

교회사의 교부 〈키프리안〉은 마귀와 귀신의 존재를 이렇게 증명하고 있다.

"우리는 이 세상에서 살아가는 가운데, 매순간마다 마귀의 날카로운 창끝과 무기들에 대항하여 전투를 벌이지 않을 수 없다."

〈이레니우스〉도 이렇게 사탄의 존재를 말하고 있다.
"타락한 천사인 사탄이 처음부터 드러내고 있는 능력은 오직 인간의 정신을 유혹하여 하나님의 계명들을 범하게 하고 점차로 그 마음을 어둡게 함으로써 진정한 하나님을 망각한 채 자기를 하나님처럼 숭배하게 만드는 것이다."

이번에는 〈터툴리안〉의 말이다.
"마귀들은 인류를 타락시키는 것을 목적으로 하고 있으며 처음부터 인간을 파멸로 이끌어 가려는 성향을 지니고 있었다. 그들은 인간의 육체에 대하여 각종 질병과 참기 어려운 고통을 부과한다."

종교개혁자들 역시 사탄과 악령의 존재를 지지하고 있다.
〈칼빈〉은, "마귀가 어디서나 하나님의 대적자요 또한 우리들의 대적자로 불리고 있다는 사실은 우리로 하여금 마귀에 대해 끊임없이 투쟁하도록 분기시키는 일임에 틀림없다. 그러므로 우리는 힘을 다하여 하나님의 영광을 소멸시키려고 하는 마귀에 대항하여 싸워야만 할 것이다."

성경학자 〈쉐만〉은 다음과 같이 말했다.

"사탄의 존재는 하나님을 대적함으로 이름을 얻게 된 타락한 대 천사에 불과하며 또한 우리의 적대자이다."

대적사역 전문가 〈찰스 크레프트〉박사는 다음과 같이 말했다.

"… 얼마나 많은 수의 사람들이 귀신으로 인해 괴롭힘을 당하고 있는 정확한 통계를 낼 수 없지만, 나는 대략 교회에 출석하고 있는 사람들의 약 삼분의 일 정도가 귀신의 괴롭힘을 받고 있다고 생각한다."

귀신론 전문가인 〈C. 프레드 디카슨〉은 다음과 같은 결론을 내렸다.

"나는 약 400명의 귀신들린 그리스도인들을 만나서 기도해 주었다.

선교사였던 〈머피〉 박사는 다음과 같은 글을 썼다.

"귀신에 사로잡힌다는 것은 사탄이 자신의 악령들을 통해 인간의 삶의 한 영역 또는 더 많은 영역을 직접적이고도 부분적으로 지배하는 것을 의미한다."

〈아더 매튜〉는 다음과 같이 말했다.

"사탄의 주된 목적은 인간의 마음 속에 계신 하나님을 끌어내리고 자신이 그 자리에 차지하려 하는 것이다."

〈데이브 린다 올슨〉은 사탄의 동기와 전략을 다음과 같이 기록했다.
"그는 하나님과 우리의 관계를 깨뜨리기 원한다. 다른 사람과의 관계를 망치려 하고 우리의 즐거움을 엉망으로 만들기 원한다."

〈빌리 그래함〉 목사는 다음과 같은 말을 한 적이 있다.
"기독교 선교에 종사하고 있는 우리 모두는 현재 초자연적인 세력과 싸워야 한다는 사실을 잠시도 잊어서는 안 된다."

마귀 귀신이 존재하는 것을 성경, 교회사, 종교개혁자, 개신교에서 인정하고 있다. 그러므로 무지로 인해 우리 자신과 가족이 사탄에게 희생되지 말아야 한다.

184. 캐트린 쿨만(Kathryn Kuhlman)의 능력기도

캐트린 쿨만은 기독교 교회사에서 두 번 다시 찾아볼 수 없는 위대한 하나님의 여종이었다. 그녀의 사역은 20세기 뜨겁게 했으며, 오순절의 강력한 성령의 권능을 20세기의 교회에 불러들였다.
캐트린 쿨만이 베니 힌 목사에게 했던 내용은 보면, "당신이 기도에 의해서 되는 것이 아닙니다. 당신의 능력에 의해서 되는 것이 아닙니다. 바로 당신 자신을 하나님께 완전히 맡기고 포기할 때 됩니다."

살아계신 하나님의 아들 예수 그리스도의 이름으로 기도합니다.
우리의 삶 가운데 있는 "죄"라고 하는 흰개미들도 멸하여 주시옵소서!
내 죄와 실수를 인정하고 고백할 때, 나를 모든 죄들로부터 정결케 하여 주시옵소서. 우리의 마음을 살펴 주시옵소서.
그러한 흰개미들을 멸하여 주시옵소서.
내가 자신을 바라보는 것으로부터 당신께로 내가 향할 수 있도록 도와주시옵소서.
나에게 비전을 주시고, 나를 나의 자신으로부터 벗어나게 해 주시옵소서.

아버지, 주님의 사랑과 지금까지 우리에게 없었던 정직함으로 신선한 세례를 주시길 기도하나이다.
그리고 무엇보다도 우리를 성령께서 사용하실 수 있는 곳에 있게 하여 주시옵소서.

오늘부터는 내 인생에서 가장 유익한 날들이 될 수 있도록 도와 주시옵소서.

왜냐하면, 때가 급하기 때문입니다.
우리의 책임은 큽니다.
우리 중 누구 한 사람도 주님을 실망시켜 드리지 않도록 그리고 무엇보다도 이 세상이 우리 안에 거하시는 그리스도를 보고 예수님만을 보게 되도록… 아멘.

신디 제이콥스(Cindy Jacobs)의 기도

신디 제이콥스는 영적 전투와 중보기도를 훈련시키는 '중보의 용사들'이라는 단체의 대표이며, Women's Aglow Fellowship의 국제자문이다. 또한 '세계의 장군들'의 창설자이자 대표이다.

멍에는 사탄이 사람들을 속박 가운데 묶어두기 위해 영적인 억압과 무거운 짐을 사람들 위에 얹어놓은 것이다.

이 사탄의 멍에에 의해 노예가 된 사람들의 멍에를 꺾기 위해서는, 금식을 하는 것이다.(사 58:6), 사탄을 매는 기도를 하라, 사탄에게 명령하라(고후 4:4), 푸는 기도를 하라(겔 13:18-23), "그를 놓으라고 기도로 명령하라", 찬양을 부르는 것이다.(시 149), 기름부음을 받으라(사 10:27).

185 멍에를 꺾는 기도

아버지, 예수의 이름으로 우리의 적이 OOO 에게 지운 멍에가 이제 부러지는 것으로 인해 감사를 드립니다.
사탄아, 너는 더 이상 그로 하여금 죄에 참여하게 할 수 없다.
주님, 그 죄에 대하여 OOO 의 눈을 가리고 있던 눈가림이 즉시 벗겨지고 하나님 말씀의 영광의 빛과 진리가 드러나게 하심을 감사드립니다.

186 사탄을 묶고 매는 기도

사탄아, 더 이상은 안 된다!
사탄아, 내가 너를 예수의 이름으로 묶는다.
너는 이 교회에 불화를 일으키는 것을 당장 그만둘지어다.
사탄아, 하나님의 말씀에 의지하여 나사렛 예수 그리스도의 이름으로 내가 명하노니, 너는 더 이상의 싸움을 일으키지 마라.

187 사탄의 궤계를 멈추게 하는 기도

사탄아, 네가 우리 아이의 삶 가운데서 행하는 모든 일들을
내가 금하고 묶노라.
이제 말씀에 의지하여 저희의 기도가
응답받은 것에 감사를 드립니다.

188 베니 힌(Benny Hinn)의 기도

베니 힌은 1952년 이스라엘 야파에서 태어났으며, 현재는 미국 텍사스 주 어빙에 본부를 두고 베니 힌 사역의 대표자이다. 그의 기적의 집회는 수만 명의 사람이 모인다.

사랑하는 주님, 저를 불쌍히 여기소서.
주여, 당신은 전능하신 하나님이십니다.
그리고 당신은 의로우시며 순수하시며 거룩합니다.
성령님, 저는 기도 할 수 없어요.
저를 도와주세요.
저를 통하여 기도해 주세요.

성령님, 제 힘으로는 경배하기도 어렵습니다.
경배받기에 합당하신 하나님께 기도 하도록 도와주세요.
경배와 존귀를 받으시기에 합당하신 주님께
경배하도록 도와주세요.

피터 와그너(C.Petr Wagner)의 기도

피터 와그너 박사는 풀러 신학대학원에서 교회성장학 교수이며, 강력한 영적 사역과 기도능력을 교회에 적용시키는 사역자이다.

피터 와그너 박사는 영적 싸움에 있어 그 유형을 크게 3가지로 나누어 말하고 있다. 첫째는 귀신을 내어 쫓는 사역이다. 둘째는 무당, 뉴에이지, 주술가, 사탄 숭배, 점쟁이들 등 악령을 사역하는 것이다. 그리고 마지막으로 악한 영인 지역 귀신과의 영적싸움을 말하고 있다.

그의 전투적 기도의 원리를 보면 다음과 같다.
① 예수의 이름으로 그 지역을 둘러싼다. 또는 꾸짖는다.
② 예수 그리스도의 보혈의 능력으로 그곳을 덮고 있는 흑암의 세력을 물리친다.
③ 지속적인 중보기도를 통해서 악령들의 힘을 약화시킨다.

사탄아, 내가 너를 묶노라.
악령아, 네가 우리 교회의 일원이 되게 하려는 하나님의 백성을
붙잡고 있구나,
예수 그리스도의 이름으로 명하노니,
이 교회의 일원이 되려는 모든 사람을 풀어놓을 지어다.

메릴린 히키(Marilyn Hickey)의 기도

　메릴린 히키는 미니스트리의 창립자요 대표이다.
　그녀의 사역은 특별히 하나님의 진리의 말씀을 우리의 구체적인 삶의 문제들에 대한 해답으로 제시함으로써 패배가운데 있는 영혼들을 승리의 삶으로 인도해 내는 데, 강조를 두고 있다.
　메릴린 히키는 예수님의 보혈을 의지한 사역을 하였다.
　그는 잡초를 뽑는 사역의 필요성을 강조하고 있다. 또한 영적 열매를 위해서는 가지치기를 반드시 해 주어야 한다는 것이다. 그의 영적 열쇠는 마귀의 저주들을 예수의 이름으로 깨뜨려 버리고 끊어 버려야 하는 것이다.

190 사탄을 결박하는 명령기도

이 더러운 마귀야, 너는 내 말을 들을 지어다.
나의 소유가 아니야, 예수의 이름으로 내가 너를 결박한다.
너는 더 이상 내 자녀를 넘볼 수 없느니라.
이 사탄 마귀야, 나는 이제 저주 아래 있지 않아.
나는 지금 예수님의 보혈의 권세 아래 있다.
사탄아, 내가 예수 이름으로 명령한다.
지금 즉시 우리 가정을 떠날지어다.

191 조상의 저주를 끊는 기도

사탄과 귀신의 세력들아, 우리는 더 이상 너희와 상관이 없고,
너희도 우리와 상관이 없노라.
예수의 이름으로 명하노니,
너희 모든 사탄의 세력아, 지금 떠나갈지어다.
이제 주 예수 그리스도의 이름으로 그 언약을 파괴하노라.
우리 가문의 혈통을 타고 악의 세력들이 우리 가문을 영구히 지배하고자 중얼거리는 모든 주문과 찬가를 끊어버리노라.

192 고백의 기도

아버지여, 나에게 여러 가지 죄악이 있음을 고백합니다.
오늘 내가 죄를 고백할 때 당신께서 신실하고 공정하게 나를 용서해 주시니 감사합니다.
내 죄악들을 회개합니다.
내 죄와 죄악을 회개할 뿐만 아니라, 내 부모님과 조부모님들이 행한 죄도 회개하며, 그들을 용서해 주시기를 요청합니다.

나도 그분들을 용서합니다.
나는 그분들을 비난하지 않습니다.
나는 보혈의 씻음을 받아들입니다.
나는 마귀를 결박하여 내 가계에서 쫓아냅니다.
예수의 이름으로 기도합니다. 아멘.

193 찰스 H. 크래프트(Charles H. Kraft)의 기도

찰스 크래프트 박사는 풀러 신학교의 교수였으며, 영적 축사 사역의 세계적인 권위자이다. 또한 치유 사역자이기도 하다. 필자는 그가 한국에 왔을 때, 세미나는 물론이고 개인적으로 만남을 가졌으며, 그의 영적 능력을 배웠고 안수까지도 받았다.

그의 영적 대적기도의 한 부분이다.

만약 이것이 사탄으로부터 온 것이라면, 당장 멈출지어다.
사탄은 당장 물러갈지어다.
만약 너 악한 영들은 아내와 자녀와 그들의 배우자들이 나, 내 손자, 손녀들을 공격하기를 원한다면, 너는 반드시 가족의 가장인 나를 통해야만 한다.

내가 너 사탄을 묶는다.
만일 공포의 영이 이 사람에게 들어 있으면,
예수 그리스도의 이름으로 명하노니 떠나가라.
그에게서 나가라!
예수 그리스도의 이름으로 명하노니,
 이 사람 속에 있는 귀신들은 그 속에 있는 다른 귀신들이나 이 사람 밖에 있는 어떤 영들로부터 도움 받지 못할지어다.

000 영아, 예수 그리스도의 이름으로 명하노니,
너는 떠나가서 예수님 발 앞에 가라.

주 예수님, 예수의 이름으로 자살과 살인의 영들이 지금 당장 이 사람에게서 떠나게 해 주시옵소서.

토마스 E. 타스크(Thomas E. Trask)의 기도

GCAG의 총감독이며 25년간 목회사역을 하면서 Michigan District의 감독으로 사역하였다.

그의 영적 대적기도는 아래와 같다.

예수의 보혈로 명하노라.
아버지의 아들 예수 그리스도의 이름으로 명령하노니,
마귀야! 물러갈지어다.

사탄아, 지금 당장 물러갈지어다.
예수께서 더 강하다.
그러므로 너는 떠나야 한다.
예수 그리스도의 피로 기도하노니, 귀신들아! 물러갈지어다.

사탄아! 명하노니, 000 에게서 물러갈지어다.

너는 이제 이 OOO 에게 아무 짓도 할 수 없다.
예수 그리스도의 이름으로 명하노니,
이 OOO 에게서 떠나갈지어다.

예수 그리스도의 이름으로 명하노니,
OOO을 잡고 있는 모든 것들을 끊어질지어다.
예수의 이름으로 네 유혹을 물리치노라!

 켄 가디너(Ken Gardiner)의 기도

캔 가디너는 영국 성공회 목사로서 교단의 귀신 축출 사역 담당자이다. 그는 감독의 임명을 받아 귀신 축출 사역자로 30년 동안 능력 있는 현장사역을 수행하였다.

다음은 악한 영의 결박을 끊는 기도이다.

나는 예수님의 이름의 권세로 성령님을 대적하는 모든 영들을 이길 수 있는 권세를 취한다.
나는 너를 너의 모든 능력의 근원에서 차단한다.

나는 예수님의 이름과 보혈로 승리가 너의 어둠의 세력 사이에
임하시게 한다.
너는 이제 고립되어 있다.
이제 네가 이 사람에게서 떠날 시간이 되었다.
주 예수께 굴복하고,
다시는 다른 살아 있는 존재에게 들어가지 말라.

예수 그리스도의 이름으로 너는 떠나야 한다.
너희 주변을 둘러보라.
많은 네 동료들이 이미 떠난 것을 알 수 있을 것이다.
이제 너희도 떠나야 한다.
자, 이제 예수의 이름으로 즉시 떠나라!

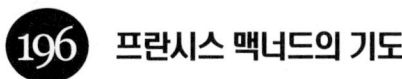

프란시스 맥너드의 기도

프란시스 맥너드의 방어를 위한 기도를 보면 아래와 같다.

주 예수님, 나는 당신이 내 가족을 병과 모든 해함과
그리고 사탄들로부터 보호해 주실 것을 간구합니다.

우리는 누군가가 저주, 마법 혹은 주문에 지배받고 있다면 나는 이 저주, 마법 혹은 주문이 예수 그리스도의 이름으로 무익하고 무효가 될 것을 선포합니다.

어떤 악한 영들이 우리를 대항하러 보내졌다면 나는 너를 예수 그리스도의 이름을 분해시키고 나는 너를 예수님이 하시는 대로 다루시도록 예수님에게 보낸다.
그리고 주여, 나는 당신에게 우리 모두를 인도하고 보호해 줄 당신의 거룩한 천사들을 보내줄 것을 간구합니다.

197 캔 손버그의 기도

캔 손버그의 물건에 대한 정결의 기도는 아래와 같다.

나는 성육신하신 나사렛 주 예수 그리스도의 보혈로 (물건이름)에 있는 모든 저주들과 주문들 그리고 속박들의 힘을 끊고 취소하고 제거하며 그리고 그 모든 것들을 깊은 구덩이 속으로 보낸다.

나는 또한 (물건이름)에 붙어 있는 모든 마귀들에게 여기에서 떠나 깊은 구덩이 속으로 갈 것을 성육신하신 나사렛 주 예수의 이름으로 명령한다.

198 찰스 피니의 기도

성령이여, 오셔서 제 삶 가운데 거하사 생각과 마음을 조용히 감동하심으로 저를 감화시키소서.
오직 제 삶 속에서 예수 그리스도를 높이기 위해 당신을 알게 되기를, 구원의 길을 알고 받아들일 수 있도록 다른 이들을 인도할 수 있게 되기만을 구합니다.
예수님의 이름으로 기도합니다. 아멘.

오 주님, 저를 대적하는 자들을 위해 기도할 수 있게 하소서.
그리고 사랑과 지혜의 영에 이끌릴 때를 제외하고는 침묵할 수 있게 하소서.
사탄이 저를 겨냥하고 덤빈다 해서 저도 다른 이들을 겨냥하고 맞서지 않게 하소서.
예수 이름으로 기도합니다. 아멘.

오소서 성령이시여, 생각의 빛과 마음의 불로 오시옵소서.
거룩한 하나님의 말씀에 잠길 때, 하나님의 약속을 제 삶에 적용하려 노력할 때, 집중력이 부족하고, 기억력이 없어 제가 미처 깨닫지 못하는 그 진리들에 관해 저를 일깨워 주옵소서.
저의 고민이나 저의 기쁨을 아버지 앞에 아뢸 때, 그토록 오래 전에 기록된 생명의 말씀들을 제게 나누어 주시옵소서.
예수님의 이름으로 기도합니다. 아멘.

199 케네스 해긴(Kenneth E. Hagin)의 기도

두려움의 유혹을 받을 때 이렇게 기도하라.
두려움아, 나는 예수의 이름으로 너를 거부한다!

의심이 들어온다면 이렇게 기도하라.
의심아, 나는 예수의 이름으로 너를 거부한다!

두통에 걸렸다면 이렇게 기도하라.
예수의 이름으로, 나는 두통이 없노라!
예수의 이름으로 나는 두통이 없을 것이다.

예수의 이름으로 너, 통증은 떠나가라!

귀신을 쫓는 대적기도를 이렇게 하라.
주 예수 그리스도의 이름으로 명하노니, 너는 지금 이 사람의 정신과 몸에서 떠날지어다. 그의 몸에서 떠날 뿐만 아니라, 이 건물에서도 떠나라.

주 예수의 이름으로, 000을 따라 다니는 너희 더러운 영들에게 내가 명하노니, 너희의 술책을 그만두고 너희의 동작을 중지할지어다.

나사렛 예수의 이름으로 명하노니, 당신을 붙잡고 있는 세력은 꺾일지어다.

 **앤드류 머레이의 기도**

주님, 저의 차가운 마음을 녹여 주소서,
나의 사악한 심령을 부수어 주시고,
만져 주시어 준비시켜 주소서!

 감사합니다.

영적 전쟁 가운데 놓여 있는 모든 분들을 위해 기도하겠습니다. 우리를 대신하여 지금도 영적 전쟁 중에 계신 모두에게 감사를 드립니다.

〈참고문헌〉

이 책은 지은이 『정병태, 이기는 대적기도, 은혜출판사』의 개정판으로 내용을 추가하여 재출판하였다.

정병태, 이기는 대적기도, 은혜출판사,
찰스 피니, 찰스 피니의 기도, 역: 오현미, 도서출판 진흥, 2000.11.18.
베니 힌, 응답받는 기도의 힘, 역: 김유진, 은혜출판사, 2006.2.25.
조엘 오스틴, "긍정의 힘", 두란노, 150~152쪽
용혜원, 인생을 변화시키는 성공 예화,
조용기 목사님 설교집 참고
허철, 귀신을 쫓는 영적인 사람들, 은혜출판사, 1994.
존 베버리, 사단의 덫, 역: 이승재, 은혜출판사.
척 피어스, 로버트 하이들러, 믿음의 방패, 역:임상훈, WIL, 2007.
프란시스 맥너드, 치유, 무실
찰스 H.크래프트, 사악한 영을 대적하라. 은성출판사.
마이클 스캔들, 랜달 써너, 능력대결, 은성출판사.
케네스 해긴, 예수의 놀라운 이름, 역:오태용, 베다니출판사, 2009.

• 이기는 대적기도 세미나 / 부흥회 인도 / 집회 안내 / 사역 •

지은이 정병태 목사는 한영신학대학교부흥신학대학원에서
국내 1호 부흥사로 M.A 학위를 취득하였다.
현재는 실천신학, 설교스피치, 부흥사 훈련 등 교수로 활동하고
있으며, 한사랑말씀교회 담임목사이다.
011.347.3390 / jbt6921@hanmail.net

• 대적기도 치유사 1급 훈련반 모집 •

- 3개월 과정 : 월요일 저녁 7시 ~
- 대적기도 / 치유사역 / 능력설교 / 은사개발 / 설교스피치 / 부흥사훈련
- 특전 :   대적기도사 1급, 치유사 1급 자격증 취득
           서울말씀치유부흥단 회원 자격 부여

011.347.3390 / jbt6921@hanmail.net
〈다음 카페〉 이기는대적기도

• 서울부흥사훈련대학 연구원 •

- 서울커뮤니케이션교육대학원
- 말씀 부흥사 훈련 과정 모집
- 안성, 평택, 천안 지역

011.347.3390 / jbt6921@hanmail.net